교부 문헌 총서 18
아우구스티누스의 생애

POSSIDIUS
VITA AUGUSTINI

Translated with introduction and notes by
Yeonhak LEE and Wono CHOE

© Benedict Press, Waegwan, Korea 2008

교부 문헌 총서 18
아우구스티누스의 생애
2008년 6월 초판 | 2019년 5월 3쇄
역주자 · 이연학/최원오 | 펴낸이 · 박현동
펴낸곳 · 성 베네딕도회 왜관수도원 ⓒ 분도출판사
찍은곳 · 분도인쇄소
등록 · 1962년 5월 7일 라15호
04606 서울시 중구 장충단로 188(분도출판사 편집부)
39889 경북 칠곡군 왜관읍 관문로 61(분도인쇄소)
분도출판사 · 전화 02-2266-3605 · 팩스 02-2271-3605
분도인쇄소 · 전화 054-970-2400 · 팩스 054-971-0179
www.bundobook.co.kr
ISBN 978-89-419-0809-8 94230
ISBN 978-89-419-9755-9 (세 트)

* 신저작권법에 따라 보호를 받는 저작물이므로 무단 전재와 무단 복제를 금합니다.

교부 문헌 총서 18

포시디우스
아우구스티누스의 생애

이연학 · 최원오 역주

분도출판사

'교부 문헌 총서'를 내면서

제2차 바티칸 공의회 「계시 헌장」 *Verbum Dei* 7-10항에서 밝히고 있듯이, 하느님의 계시는 신·구약 성경과 성전聖傳을 통해 우리에게 전달되는데, 이 둘은 하느님의 똑같은 원천에서 흘러나오므로 하나를 이룰 만큼 서로 밀접히 연결되어 있다. 바로 "교부들의 말씀은 믿고 기도하는 교회의 실생활 가운데 풍부히 흐르고 있는 이 성전의 생생한 현존을 입증한다"(8항). 즉, 교부들의 말씀은 성전의 주축을 이루고 있으므로 교부 문헌 연구는 하느님의 계시에 접근하는 데 중대하고 필요 불가결의 길이라 할 수 있다.

짧은 역사의 한국 교회는 그동안 성경 연구에 큰 관심을 가져 괄목할 만한 진전을 해 왔으나 교부 문헌 연구는 극히 미미하였다. 이에 우리는 분도출판사를 중심으로 '교부 문헌 총서 기획위원회'를 구성하여, 교부 문헌의 번역·간행을 계속해 나감으로써 교부 문헌 연구에 새로운 전기를 마련하기로 하였다.

우리는 이 '교부 문헌 총서'가 한국 교회의 신학 발전에 다음과 같은 도움이 되기를 바란다:

첫째, 성경 연구에 도움이 될 수 있다. 사도교부들(Patres apostolici)은 사도들의 직제자 혹은 그 직제자들의 제자들이었으므로 그들의 문헌은 신약성경(특히 사목서간들)에 나타나 있는 사도들의 가르침과 신학을 잘 반영하고 있을 뿐 아니라 신약성경에 표현되지 않은 초기 교회의 모습을 보여 주고 있기 때문이다. 또한 그 후의 교부들의 글에서도 성경은 그 기초가 되고 있으며, 때때로 성경 해설을 위한 강론(Homilia식 Tractatus)들과 본격적인 성경 주해서(Commentarium)들이 있다.

둘째, 이상하게 들릴지 모르지만, 한국 교회 신학의 토착화에 도움이 될 수 있다. 교부시대는 사도들로부터 전수받은 그리스도의 복음이 그리스·로마 문화에 정착되는 시기라 할 수 있다. 예수님과 사도들 그리고 복음서의 청중들은 모두 히브리인들이었으며, 그래서 복음은 먼저 히브리 문화권 안에서 선포되었다. 이 복음이 제자들의 선교 활동을 통해 히브리 문화와는 다른 그리스 문화권에 선포되면서 일종의 토착화 과정이 있었으며, 또 라틴 문화권에 선포될 때 또 다른 토착화 과정이 있어야 했다. 그리스도교의 신학은 이러한 토착화의 시도 과정에서 때로 많은 시행착오(이단과 열교)를 거치면서 발전되고 정착되어 왔다. 사실 교부들은 토착화 과정에서 그리스도의 복음이 변질되어서는 안 된다는 원칙 아래 해당 문화권에서 수용할 수 있는 것과 할 수 없는 것을 엄격히 구별하였던 것이다. 제2차 바티칸 공의회 이후 한국 교회 안에서도 토착화의 필요성이 자주 거론되고 있다. 우리는 교부들이 행했던 토착화의 시도 과정과 그 방법을 연구함으로써 우리의 토착화 작업에 도움을 받을 수 있을 것이다.

셋째, 한국 교회의 에큐메니즘 운동에 도움이 될 수 있다. 세계적으로 한국만큼 기독교의 종파가 많은 곳도 드물다. 가톨릭과 개신교 사이의 차이는 말할 것도 없지만 개신교 사이에서도 서로 극심한 차이가 있다. 사실 개신교의 종파는 성경의 자유 해석에서 기인하는 경우가 많은데, 자기의 해석을 고집하기에 앞서 성경시대와 가까웠던 교부시대에서 성경을 어떻게 이해하고 생활했는지 알아볼 필요가 있다. 또 잊어서는 안 될 점으로, 그 신도 수가 많지는 않지만 동방 정교회가 한국에도 있는데, 동방 교회는 교부시대의 전통을 잘 유지하고 있으므로 서방 교회(로마 가톨릭, 프로테스탄

트, 성공회)는 동방 교회 전승에서 많은 것을 배우고 보완할 수 있다. 따라서 우리는 각 교회 모두가 공동으로 소유하고 있는 성경 그리고 서로 갈리기 전 초세기 교회의 모습, 즉 교부 문헌을 같이 연구함으로써 서로의 차이점을 함께 좁혀 나갈 수 있을 것이다.

일반적으로 교부 문헌을 어렵고 고루한 전문 서적으로 생각하는 경향이 있다. 이러한 생각은 교부 문헌을 직접 접할 기회가 적었던 데서 오는 막연한 선입관에 불과하다. 대부분의 교부들은 사목자들이었으며 그들의 글은 당시의 수사학에서 나온 연설체·강론체적인 성격을 가진 것들이 많다. 그래서 때로는 설득을 위한 지나친 강조나 지루한 반복이 있는 것도 사실이나 글에 힘이 있으며 이해하는 데 그다지 어렵지 않다.

아무쪼록 앞으로 이 총서가 많은 이들의 관심과 협력과 채찍질에 의하여 속속 간행되면서 더욱 많은 이들의 연구와 생활에 도움이 되기를 바라마지않는다.

1987년 6월 29일
이형우

|차례|

해제

1. 들어가는 말 ··· 11
2. 저자 ··· 14
3. 저술 시기 ··· 21
4. 구성 ··· 21
5. 필사본 ··· 23
6. 편집본 ··· 24
7. 주요 현대어 번역본 ··· 25

본문과 역주

머리말_저술 동기 ·· 29
제1장_탄생에서 세례까지(354~387년) ···························· 33
제2장_수사학 교수직을 그만두다(386년) ························· 35
제3장_고향집에서의 수도 생활(388~391년) ······················ 37
제4장_눈물의 사제 수품(391년) ·································· 39
제5장_사제 생활과 수도 생활의 병행(391년 이후) ················ 41
제6장_마니교도 포르투나투스와의 논쟁(392년) ·················· 45
제7장_이단과 열교를 거슬러 ····································· 47

제8장_주교 아우구스티누스(395년) ·· 51
제9장_논쟁을 피하는 도나투스 열교 ·· 53
제10장_도나투스파 근본주의자들의 만행 ·· 57
제11장_다른 교회에 파견되는 히포의 사제와 수도승들 ···················· 59
제12장_도나투스파에 관한 일화(403년) ·· 61
제13장_도나투스파 분열의 끝(카르타고 교회회의, 411년) ·················· 65
제14장_도나투스파의 마지막 반발 ·· 69
제15장_마니교도를 회심시킨 아우구스티누스 ···································· 73
제16장_마니교도와의 논쟁 ·· 75
제17장_아리우스파 이단과의 논쟁 ·· 79
제18장_펠라기우스 이단과의 논쟁 ·· 83
제19장_주님의 파수꾼 아우구스티누스 ·· 89
제20장_품위 있고 겸손한 처신 ·· 93
제21장_예수 그리스도를 위하여 ·· 95
제22장_검소하고 균형 잡힌 의복과 식생활 ·· 95
제23장_가난한 이들에 대한 뜨거운 사랑 ·· 99
제24장_가난한 교회와 투명한 재산 관리 ·· 101
제25장_성직자 공동 생활의 원칙 ·· 107
제26장_성직자와 여인들의 관계에 관한 교훈 ···································· 109
제27장_사목자가 지켜야 할 원칙 ·· 111
제28장_저술 작품의 손질과 반달족의 침입 ·· 117
제29장_투병 생활의 시작 ·· 125
제30장_참된 사목자에 대한 가르침의 편지 ·· 127
제31장_최후의 나날과 죽음 ·· 151

아우구스티누스 연보 ·· 159
아우구스티누스 저술 목록 ·· 170
색인 ·· 183

VITA AUGUSTINI

해제

1. 들어가는 말

아우구스티누스(354~430년)는 서양 사상에 결정적인 영향을 준 철학자요 신학자다. 진리를 찾아 나선 멀고도 긴 여정 끝에 마침내 진리 자체이신 하느님을 만난 아우구스티누스는, 그리스 철학 체계 속에 그리스도교 진리를 깔끔하게 정리해 냄으로써 '서양의 스승'으로 불린다. 그러나 아우구스티누스의 공헌은 그가 빼어난 철학자요 사상가라는 데 그치지 않는다. 그는 철학자나 신학자이기 전에 진정한 사목자요 수도승이었고, 주교이기 전에 참된 그리스도인이었으며 참으로 아름다운 인간이었기 때문이다.

보통의 경우 『성인전』聖人傳, *Legendae*에는 성인들의 인간적이고 나약한 면모는 많이 빠져 버리고, 그들이 지녔다는 기적 능력이나 초인적인 성덕이 부풀려 그려지곤 했다. 옛 로마 시대에 널리 퍼져 있던 영웅호걸의 전기에서 영향을 받아 성인전 문학에 전설적인 요소들이 스며든 까닭이었다. 이러한 작품들은 종종 성인들의 인간적인 모습, 곧 그들의 죄와 눈물,

욕망과 한계를 지나치게 배제함으로써, 참된 하느님 체험이란 탈혼의 경지에서나 가능한, 비범한 자들의 전유물이라는 오해를 낳기도 했다. 그러나 그 누구도 아우구스티누스만큼은 전설 속의 인물로 꾸며내지 못했다. 그것은 눈물을 먹물 삼아 손수 써 내려간 『고백록』*Confessiones*과 포시디우스가 쓴 『아우구스티누스의 생애』*Vita Augustini* 덕분이다.

『고백록』을 쓰던 무렵(397~401년) 이미 주교 신분이었던 아우구스티누스지만, 자신의 숱한 허물을 진솔하게 고백하고 자기 약점을 자랑하기를 조금도 꺼리지 않았다. 우리가 가장 약하고 비참할 때 오히려 하느님의 자비와 은총이 가장 선명하게 빛난다는 것을 확신했기 때문이다. 따라서 아우구스티누스가 말한 '고백'confessio이란 자신의 죄에 대한 '고백'일 뿐 아니라, 죄 많은 삶을 통하여 체험한 하느님 사랑에 대한 '고백'이며 찬미다.[1]

그러나 『고백록』은 아우구스티누스의 탄생부터 회심과 세례 직후까지의 정보만 전해 줄 따름이다. 『고백록』이 스스로의 삶을 되돌아보며 기록한 자서전이라면, 『아우구스티누스의 생애』는 아우구스티누스의 동료 포시디우스가 쓴 전기傳記로서 『고백록』의 속편續編이다.

포시디우스는 40년 동안 아우구스티누스와 더불어 살았던 절친한 동료 주교였다. 그는 『고백록』의 내용을 제1장에서만 간략히 요약한 다음, 곧장 그 이후의 시점부터 써 내려가기 시작한다. 곧, 아우구스티누스가 세례를 받고 북아프리카로 귀향한 뒤 시작한 수도 생활과 사제 수품, 히포의 주교로서 벌인 활동에 관한 생생한 증언들을 『아우구스티누스의 생애』에 고스란히 담아냈다. 『고백록』과 『아우구스티누스의 생애』는 아우구스티누스의 삶과 사상 기조를 엮어 내는 데 결정적으로 중요한 두 기둥이다. 우리는

---

[1] 아우구스티누스 『시편 상해』(*Enarrationes in Psalmos*) 29,19; 94,4 참조.

이 두 작품으로 말미암아 '인간' 아우구스티누스를 만나게 된다. 그 파란만장한 삶과 매력적인 인품이 어떤 과장이나 숨김도 없이 생생하게 우리 앞에 펼쳐진다.

포시디우스가 전해 주는 아우구스티누스의 삶은 한마디로 복음적이다. 포시디우스는 아우구스티누스의 40년 지기 수도 공동체 가족이요 동료 주교였으며, 아우구스티누스를 가장 잘 알고 이해하고 사랑한 사람 가운데 하나다. 그는 아우구스티누스가 『고백록』에서 털어놓은 떳떳하지 못한 젊은 시절에 관해서도 잘 알고 있었다. 그러나 아우구스티누스가 저지른 지난날의 죄는 더 이상 포시디우스의 관심사가 아니었다. 오히려, 아우구스티누스가 한 번 회심한 뒤 얼마나 치열하게 복음 정신대로 살고자 몸부림쳤는지 기쁘고 행복한 마음으로 증언한다.

포시디우스가 아우구스티누스의 삶을 비추어 보기 위해 사용한 거울은 언제나 '복음'이었다. 아우구스티누스가 사목자요 수도승으로서 얼마나 복음 정신에 맞갖은 가난과 섬김과 사랑의 삶을 살아왔는지 『아우구스티누스의 생애』를 통하여 증언하는 것이야말로 포시디우스가 지닌 근본 소명이었다.

엇비슷한 시기에 쓴 『안토니우스의 생애』*Vita Antonii*, 『암브로시우스의 생애』*Vita Ambrosii*, 『마르티누스의 생애』*Vita Martini* 등은 현대인이 이해하기 힘든 기적 이야기들로 가득 차 있다. 이와 달리, 『아우구스티누스의 생애』에는 기적과 신통력에 관한 이야기가 거의 없다. 『아우구스티누스의 생애』에 따르면, 아우구스티누스는 우리와 똑같이 나약한 존재였으나, 언제나 예수 그리스도의 복음을 삶의 한가운데 모시고 살았으며, 온 힘을 다해 그 복음을 실천하며 사셨던 분이다. 그래서 『아우구스티누스의 생애』는 오늘날까지도 생명력을 잃지 않고, 읽는 이들에게 진한 감동을 준다.

어쩌면 포시디우스가 증언하는 아우구스티누스의 생애는 아우구스티누스가 남긴 수많은 신학 저술보다 우리에게 더 큰 유익을 줄지도 모른다. 사실 포시디우스는 그리 믿고 있었다.

> 진리의 빛 안에서 확인되듯이, 아우구스티누스의 저술은 그분이 하느님 마음에 드는 소중한 주교였으며, 가톨릭 교회의 믿음과 희망과 사랑 안에서 올바르고 온전하게 사셨다는 것을 드러내 준다. 그분의 거룩한 작품을 읽음으로써 은혜를 받는 사람이라면 누구나 이 사실을 알게 된다. 그러나 그분께서 교회에서 말씀하시는 것을 직접 듣고, 직접 뵐 수 있었던 사람들, 특히 그분께서 민중 속에서 살아가는 방식을 알았던 사람들이야말로 훨씬 더 많은 은혜를 받은 사람들이라고 나는 생각한다.[2]

2. 저자[3]

포시디우스는 아우구스티누스의 생애만 충실하게 증언하려 했지, 자신의 생애에 관한 정보는 거의 남기지 않았다.[4] 포시디우스가 언제 어디서 태어났는지는 아무도 모른다. 그의 생애에 관해서 말할 수 있는 최초의 시점은

---

[2] 포시디우스 『아우구스티누스의 생애』(*Vita Augustini*) 31,9.

[3] A. Mandouze, "Possidius", *Prospographie chrétienne du Bas-Empire. I. Afrique (303-533)*, Paris 1982, 890-6; A.V. Nazzaro, "Possidio", *DPAC(=Dizionario Patristico e Di Antichità Cristianana)* 2 (1984) 2879-80; M.F. Berrouard, "Possidius", *DSp(=Dictionnaire de Spiritualité)* 12 (1986) 1997-2008; R. Kany, "Possidius", *LThK(=Lexikon für Theologie und Kirche)* 8 (1999) 453; M. Vessey, "Possidius", *Augustine through the Ages. An Encyclopedia*, Cambridge 1999, 668-9; P.K. Poetzel, "Possidius, St.", *New Catholic Encyclopedia* 11 (2003) 553-4.

아우구스티누스가 사제품을 받은 391년경이다. 포시디우스는 『아우구스티누스의 생애』를 맺으면서, 자신이 "아우구스티누스와 함께 거의 40년 동안 따스하고 살가운 정으로" 살아왔다고 증언한다.

> 하느님의 선물로 말미암아 아우구스티누스와 함께 거의 40년 동안 따스하고 살가운 정으로 어떤 마찰도 없이 살아온 내가, 이승의 삶에서는 그분을 본받고 닮으며, 미래의 삶에서는 그분과 함께 전능하신 하느님께서 약속하신 바를 누릴 수 있도록 나와 함께 그리고 나를 위해 기도해 주시기를 청한다.[5]

아우구스티누스는 "76년(역주: 354~430년)의 긴 생애 가운데, 거의 40년(역주: 391~430년)을 사제와 주교로 사셨다".[6] 또한 그 40년은 수도승의 삶이기도 했으니, 아우구스티누스는 사제가 된 뒤 곧바로 교회 옆에 수도원을 세우고 동료들과 함께 수도 생활을 시작했던 것이다(391~430년).[7] 그렇다면, 포시디우스는 아우구스티누스가 사제 생활을 시작하던 391년경부터 세상을 떠난 430년까지 40년 가까이 아우구스티누스의 동료로 산 셈이다. 따라서 포시디우스는 아우구스티누스가 히포에 세운 수도 공동체 초창기 형제 가운데 하나였다는 사실은 의심할 여지가 없다.[8]

---

[4] 포시디우스의 생애를 재구성할 수 있는 자료는 자신이 쓴 『아우구스티누스의 생애』(Vita Augustini), 아우구스티누스와 주고받은 『편지』(Epistulae), 아퀴타니아의 프로스페르 『연대기』(Epitome chronicon), 북아프리카 교회회의 문헌들이다.

[5] 『아우구스티누스의 생애』 31,11.   [6] 『아우구스티누스의 생애』 31,1.

[7] 아우구스티누스 『설교』 355,2; 『아우구스티누스의 생애』 5,1 참조.

[8] 아우구스티누스가 수도 공동체의 일원이었다는 암시는 『아우구스티누스의 생애』 곳곳에서 찾아볼 수 있다(11,3; 12,4; 15,1-6). M.F. Berrouard, "Possidius", DSp 12 (1986) 1997 참조.

포시디우스는 아우구스티누스와 함께 수도 생활을 하면서 성경을 배우고 익히고 묵상하는 수행을 했다.[9] 그러나 이 수도원의 명성이 날로 퍼져나가자, 수도 공동체 형제들은 여러 교회들의 요청에 따라 주교로 부름 받았는데, 포시디우스도 예외가 아니었다.[10] 포시디우스는 397년 이후[11]에 누미디아 지방 칼라마의 주교가 되었다.[12] 그는 자신을 일컬어 "(아우구스티누스께서) 당신 수도원과 당신 사제들 가운데서 여러 교회에 주교로 보내신 이들 중 하나"[13]라고 소개한다.[14]

포시디우스의 공적인 행적에 관해서는 주로 교회회의 문헌들을 바탕으로 엮어 낼 수 있다. 포시디우스는 북아프리카에서 열린 교회회의에서 도나투스 열교와 펠라기우스 이단에 맞서 주도적인 역할을 함으로써 그 이름이 교회회의 문헌에 남아 있다.

최초의 기록은 403년에 도나투스 논쟁과 맞물려 열린 카르타고 교회회의의 기록이다. 포시디우스가 칼라마의 주교로서 사목 방문에 나섰다가 칼라마의 도나투스파 주교 크리스피누스의 지지자들로부터 해코지당한 적이 있었다. 그로 말미암아 시작된 소송에서 크리스피누스는 민법상 이단자에게 책정된 벌금을 물게 되었으나, 자신은 이단자가 아니라며 항고하였다. 이 일로 누미디아 지방의 주교였던 아우구스티누스, 포시디우스,

---

9 아우구스티누스 『편지』 101,1 참조.

10 『아우구스티누스의 생애』 12,4 참조.

11 누미디아 지방 교회들의 수장이면서 칼라마의 주교였던 메갈리우스는 397년에 세상을 떠났다. 그러나 포시디우스가 곧바로 주교직을 이어받았는지는 분명하지 않다. A. Mandouze, *Prospographie* 890 참조.

12 R. Kany, "Possidius", *LThK* 8 (1999) 453 참조. 칼라마는 히포에서 한나절 정도면 오갈 수 있는 곳이어서 두 주교는 그 후에도 지속적으로 교류할 수 있었다. C. Lepelley, *Les cités de l'Afrique romaine au Bas-Empire* 1, Paris 1979 참조.

13 『아우구스티누스의 생애』 12,4.

14 포시디우스도 아우구스티누스처럼 '수도승 주교'였다. 아우구스티누스 『편지』 245 참조.

알리피우스가 카르타고 교회회의(403년)에 참석하였다. 칼라마의 가톨릭 주교 포시디우스는 세 차례에 걸쳐서 칼라마의 도나투스파 주교 크리스피누스와 논쟁을 벌였고, 마침내 크리스피누스는 이단 판결을 받았다. 이에 포시디우스는 아량을 베풀어 크리스피누스에게 내려진 벌금형을 취하하였다.[15] 도나투스 논쟁 때문에 407년과 410년에 카르타고에서 열린 교회회의에 참석한 포시디우스는,[16] 409년과 410년에는 북아프리카 교회의 특사 자격으로 호노리우스 황제에게 파견되어 이방인과 이단자를 규제하는 새로운 법 제정을 설득하기도 했다.[17]

마침내, 411년에는 도나투스 논쟁에 마침표를 찍기 위해 카르타고 교회회의가 열렸다. 여기에는 황제의 호민관이자 공증관인 마르켈리누스를 비롯하여 285명의 도나투스파 주교들과 284명의 가톨릭 주교들이 참석하였다. 포시디우스는 이 회의에서 아우구스티누스와 더불어 맹활약함으로써 도나투스파에게 결정적인 타격을 주었다.[18] 아우구스티누스는 411/412년 겨울에 볼루시아누스 주교에게 보낸 편지에서 포시디우스를 일컬어, "나의 거룩한 형제이며 나의 동료 주교인 포시디우스"[19]라며 깊은 우정과 커다란 신뢰를 표현하기도 했다.

도나투스 열교 문제가 정리되자, 이제는 펠라기우스 이단이 또다시 북아프리카를 뒤흔들었다. 포시디우스는 416년 밀레비스 교회회의에 참석

---

15 『아우구스티누스의 생애』 12; 아우구스티누스 『편지』 105,2,4; 88,7; 『도나투스파 문법학자 크레스코니우스 반박』(Contra Cresconium grammaticum partis Donati) 3,46,50; 『북아프리카 교회회의 345~525』(Concilia Africae a. 345~525), Ch. Munier (ed.), CCL 149,209 참조.

16 『북아프리카 교회회의 345~525』(Concilia Africae a. 345~525), 217-20 참조.

17 아우구스티누스 『편지』 95,1 참조.

18 S. Lancel, Actes de la Conférence de Carthage en 411. SC 194 (1972) 117-8 참조.

19 아우구스티누스 『편지』 137,5,20 참조.

하였고, 이 회의는 펠라기우스와 켈레스티우스를 '그리스도 은총의 적'으로 단죄하였다.[20] 자신들의 결정에 더 큰 지지를 얻어 내기 위해서 로마 주교의 도움이 필요하다고 느낀 북아프리카 주교들은 인노켄티우스 교황에게 교회회의의 결정 사항을 보냈다. 포시디우스도 이에 서명했다.[21] 얼마 뒤 포시디우스는 카르타고의 아우렐리우스, 히포의 아우구스티누스, 타가스테의 알리피우스, 우잘리스의 에보디우스와 함께 펠라기우스 이단의 오류에 관하여 더욱 자세하게 적어 인노켄티우스 교황에게 보냈다.[22] 그들은 이 편지에서 교황이 직접 개입하여 펠라기우스 이단을 단죄해 주기를 청했다. 인노켄티우스 교황은 417년 세 통의 답장을 보내 펠라기우스와 켈레스티우스를 면직시켰다.[23] 포시디우스는 그 밖에도 아우구스티누스의 협력자로서 크고 작은 여행을 함께하고, 교회회의에도 참석하였다.[24]

430년 봄, 반달족이 자신의 주교좌인 칼라마를 침탈하자, 포시디우스는 다른 주교들과 히포로 피신하여 아우구스티누스와 함께 지냈다.

> 우리도 다른 동료 주교들과 함께 가까운 곳으로 피신하여 포위 기간 내내 함께 있었다. 우리는 "주님, 당신께서는 의로우시고 당신의 법규는 바릅니다"(시편 119,137)라고 아뢰며, 바로 우리 눈앞에서 벌어지고 있는 하느님의 두려운 심판에 관해 자주 대화하고 성찰하곤 했다. 똑같이 고통을 겪고 있던 우리는, 이 어려움 속에서

---

20 아우구스티누스 『편지』 137,17,6 참조.
21 아우구스티누스 『편지』 176 참조.
22 아우구스티누스 『편지』 175-7 참조.
23 아우구스티누스 『편지』 181-3 참조.
24 『아우구스티누스의 생애』 14; A. Mandouze, *Prospographie* 894-5 참조.

도 꿋꿋할 수 있도록 자비로우신 아버지와 모든 위로의 하느님(2코
린 1,3)께 탄식하고 울면서 기도하곤 했다.[25]

히포 시가 포위된 지 석 달째 되던 날, 아우구스티누스는 열병으로 드러눕
게 되었다.[26] 그해 8월 28일 아우구스티누스가 동료들의 기도 속에 세상을
떠날 때까지 포시디우스는 그의 곁을 지켰으며, 그 덕분에 자신이 직접 목
격한 아우구스티누스의 최후의 순간들을 생생하게 증언할 수 있었다.[27]
  아우구스티누스는 어떠한 유언도 남기지 않았다. 하느님의 가난한 사람
이 유언할 이유가 없었기 때문이다. 그러나 후대 사람들을 위해서 자신의
모든 저술을 갖춘 히포 교회 도서관을 부지런히 관리하고 보존하라고 거
듭 당부하였다.[28] 포시디우스는 아우구스티누스의 이 바람을 충실히 받들
어 '저술 목록'Indiculum[29]을 작성하였다(430년 9월~431년 7월).[30] 이는 히포 교
회의 도서관에 보존되어 있던 아우구스티누스의 저서, 설교, 편지들의 목
록이다. 이 목록을 『아우구스티누스의 생애』 끝에 덧붙인 까닭을 포시디우
스는 다음과 같이 설명하고 있다.

  그분이 지으시고 펴내신 책들은 많으며, 여러 이단자들을 논박하
  거나 교회의 거룩한 자녀들을 가르칠 목적으로 성경을 풀이하여

---

25 『아우구스티누스의 생애』 28,13.
26 『아우구스티누스의 생애』 29,3 참조.
27 『아우구스티누스의 생애』 31,5 참조.
28 『아우구스티누스의 생애』 31,6 참조.
29 Indiculus 또는 Elenchus라고 불리기도 한다.
30 '저술 목록'의 작성 시기에 관해서는 M.F. Berrouard, "Possidius", *DSp* 12 (1986), 2005
참조.

교회에서 행하신 많은 설교들도 기록되고 수정을 거쳤다. 그래서 학자라 할지라도 이를 다 읽고 익히기란 어려운 일일 터이다. 그럼에도, 진리의 말씀에 목말라하는 이들을 조금도 실망시키지 않기 위하여 나는 하느님의 도우심으로 그분이 쓰신 책과 설교와 편지들의 '목록'도 이 책 말미에 덧붙이기로 하였다. 이를 읽으면서, 세상 부귀보다 하느님의 진리를 더 좋아하는 이는 어떤 것을 읽고 익힐지 스스로 선택할 수 있을 것이다. 그리고 필사하기 위해서는 가장 정확한 수정본이 있는 히포 교회의 도서관에 청할 수도 있고, 다른 어느 곳에서라도 구할 수 있을 것이다. 그것을 얻게 되면 필사해서 보관하고, 청하는 이에게는 아낌없이 빌려 주어 필사하게 할 것이다.[31]

포시디우스가 언제 세상을 떠났는지는 알 수 없으나, 적어도 437년까지는 살아 있었던 것이 분명하다. 포시디우스는 다른 가톨릭 주교들과 더불어 반달족 겐세리쿠스 왕의 박해로 말미암아 437년에 귀양살이를 떠났기 때문이다.[32] 포시디우스에 관한 그 이후의 정보는 더 이상 찾을 길이 없다. 포시디우스는 『아우구스티누스의 생애』에서 자신을 직접 언급하거나 자신의 업적에 관해서 단 한 마디도 덧붙이지 않았다. 이러한 겸손은 포시디우스를 이상적인 전기작가로 자리매김할 뿐 아니라, 이 작품의 역사적 가치마저 드높여 준다.

---

[31] 『아우구스티누스의 생애』 18,9-10.
[32] 아퀴타니아의 프로스페르 『연대기』(*Epitome chronicon*) anno 437, Th. Mommsen (ed.), *Monumenta Germanica. Auctores antiquissimi* 9/1, 475 참조.

3. 저술 시기

포시디우스가 언제 이 작품을 썼는지는 정확하게 알 수 없다. 단지 아우구스티누스가 세상을 떠난 430년 여름 이후부터, 포시디우스가 반달족 겐세리쿠스 왕의 박해로 말미암아 추방당하기 전(437년 이전)에 썼으리라고 추정할 뿐이다.

4. 구성

머리말과 본문 31장으로 엮어져 있다. 일반적으로 생애(vita, 1-18), 행적(mores, 19-27,5), 죽음(mors, 27,6-31) 세 부분으로 구분한다. 학자에 따라서는 생애(vita, 1-18) 부분을 다시 둘로 나누어, 사제 수품까지의 삶(1-5)과 북아프리카 교회에서 벌인 이단 논쟁들(6-18)을 구별하기도 한다.[33] 그러나 생애에 관한 정보는 연대순에 따라 체계적으로 서술된 것이 아니고, 이단 논쟁과 수도 생활에 관한 정보들도 뒤섞여 있다. 따라서 굳이 구별할 필요 없이 전체를 한 덩어리로 보는 것이 더 큰 설득력을 지닌다.[34]

1) 생애(vita, 1-18)
아우구스티누스가 회심하기 이전까지의 삶은 제1장에서만 짧게 다룬

---

[33] H.T. Weiskotten, *S. Augustini Vita scripta a Possidio episcopo*, Princeton 1919, 20; A. von Harnack, *Possidius. Augustins Leben. Abhandlungen der Preussischen Akademie der Wissenschaften* I, Berlin 1930; H.-J. Diesner, "Possidius und Augustinus", *Studia Patristica* 4 (1962) 350 참조.

[34] M. Pellegrino, *Possidio. Vita di S. Agostino. Verba Seniorum* 4 (1955) 20; Chr. Mohrmann, "Introduzione", *Possidio. Vita di Agostino*, A.A.R. Bastiaensen (ed.), Milano 1997⁴, 64-5 참조.

다. 이미 아우구스티누스가 『고백록』Confessiones에서 어린 시절부터 회심에 이르는 자신의 삶의 여정을 상세하게 기록으로 남겨 놓았기에, 포시디우스는 굳이 이를 되풀이할 필요를 느끼지 않았던 것이다.[35] 그 때문에 제1장에서는 『고백록』의 핵심적인 내용만 간단히 소개한 뒤, 제2장부터는 회심(386년) 직후에 일어난 일들을 곧바로 전한다. 곧 수사학 교수직에서 물러나 가난한 이들에게 재산을 나누어 준 일(2장), 고향에 돌아와 동료들과 함께 시작한 수도 공동체 생활(3,1-2), 자신의 바람과는 상관없이 사제가 되어 활동하게 된 사정들(3,3-5,5)을 들려준다.

포시디우스는 아우구스티누스가 마니교 이단, 도나투스 열교, 펠라기우스와 아리우스 이단과 벌인 논쟁disputationes과 대화conlationes를 통하여 이단과 열교 문제를 풀어 가는 과정을 상당히 길게 다루고 있다(6-18장). 그 까닭은 아우구스티누스가 일생 동안 이단과 열교 문제에 맞서 기울인 정성과 노력, 수많은 저술 활동이야말로 그 생애의 위대한 업적 가운데 하나라고 보았기 때문이다.

2) 행적(mores, 19-27,5)

포시디우스는 참된 목자이며 교회의 파수꾼인 아우구스티누스 주교와, 소박하면서도 균형 잡힌 중용의 길을 걸어간 수도승 아우구스티누스의 삶을 증언하고 있다. 아우구스티누스는 극단적인 금욕주의를 물리쳤다. 예컨대, 그는 식사 때 포도주 마시는 것을 허용하였으며, 독서와 토론을 즐겼다. 세속적인 거래나 사업에는 철저하게 무관심했지만, 가난한 이들을 위해서라면 성물마저 쪼개고 녹여 필요한 이들에게 기꺼이 나누어 주었

---

35 『아우구스티누스의 생애』 1,5 참조.

다. 평범한 일상 속에서도 복음 정신으로 충만하여 살아간 아우구스티누스를 곳곳에서 만나게 된다.

3) 죽음(mors, 27,6-31)

반달족의 침입으로 말미암아 히포로 피난 왔던 포시디우스는, 자신이 지켜보았던 아우구스티누스의 최후의 나날과 죽음에 관해서 아름답게 증언한다. 특히 제30장에서는 아우구스티누스가 반달족에게 포위된 상황에서 동료 주교 호노라투스에게 보낸 유명한 편지가 덧붙어 있다.[36] 이 편지는 아우구스티누스가 동료 주교 쿠오드불트데우스에게 써 보냈던 내용과 거의 같다. 적들이 쳐들어올 때 사목자는 어떻게 처신해야 하는지 물어 온 티아베나의 주교 호노라투스에게, 아우구스티누스는 앞서 쿠오드불트데우스에게 보냈던 편지의 사본에 인사말을 덧붙여 보냈다. 포시디우스는 이 편지를 『아우구스티누스의 생애』에 덧붙임으로써, 짙게 드리운 죽음의 그림자 속에서도 식을 줄 몰랐던 아우구스티누스의 사목 열정을 증언하고 있을 뿐 아니라, 전쟁과 박해의 고난을 겪고 있는 사목자들에게 위로와 희망과 용기를 불어넣고 있다.

5. 필사본

포시디우스의 사본들은 매우 양호한 상태로 전승되었다. 그래서 『아우구스티누스의 생애』에서 포시디우스가 인용하는 교부 문헌은 종종 원저자의 편집본보다 더 큰 신뢰를 주기도 한다. 예컨대, 아우구스티누스의 『편지』

---

36 『아우구스티누스의 생애』 30; 아우구스티누스 『편지』 228; 최원오 「교부들의 사제 영성 – 아우구스티누스를 중심으로」 『가톨릭 신학과 사상』 44 (2003) 33 참조.

228(=『아우구스티누스의 생애』 30)은 포시디우스가 전해 주는 본문이 아우구스티누스 서간집의 편집본보다 훨씬 더 원문에 가깝다.

『아우구스티누스의 생애』 사본군

A   Carnutensis 112, 9~10세기

B   Vaticanus Reginensis 1025, 9세기

D   Parisinus Bibliothèque Nationale 2076, 9세기

E   Parisinus Bibliothèque Nationale 13220, 10세기

F   Parisinus Bibliothèque Nationale 11748, 9~10세기

G   Parisinus Bibliothèque Nationale 10863, 9세기

사본군 가운데 신뢰도가 높은 필사본은 A, D, F, G이다. 바스티엔센은 필사본 A, D, F, G를 바탕으로 『아우구스티누스의 생애』를 편집했는데, 지금까지 출간된 편집본 가운데 가장 권위 있는 작품이다.[37]

6. 편집본

(1) PL = Patrologiae cursus completus, Series Latina, J.P. Migne (ed.), 32, 33-66.

(2) POSSIDIO, Vita di Agostino, A.A.R. Bastiaensen (ed.), Chr. Mohrmann (int.), Milano 1997[4].

* 이 번역의 라틴어 대역본으로는 바스티엔센의 편집본을 사용했다.

---

[37] Possidio, Vita di Agostino, A.A.R. Bastiaensen (ed.), Chr. Mohrmann (int.), Milano 1997[4], 128-9 참조.

7. 주요 현대어 번역본

(1) 영어: *Sancti Augustini Vita scripta a Possidio episcopo*, H.T. Weiskotten (tr.), Princeton 1919; Possidius, *The Life of Saint Augustine*, J.E. Rotelle (tr.), Villanova 1988.

(2) 프랑스어: Possidius, *Vie d'Augustin*, Nadine Plazanet-Siarri (tr.), Paris 1994.

(3) 독일어: Possidius, *Augustins Leben*, A. von Harnack (tr.), Berlin 1930; K. Romeis (tr.), *Das Leben des heiligen Kirchenvaters Augustinus, beschrieben von seinem Freunde Bischof Possidius*, Berlin 1930; Possidius, *Vita Augustini*, Wilhelm Geerlings (Hg.), Augustinus Werke, Paderborn 2005.

(4) 이탈리아어: Possidio, *Vita di Agostino*, M. Pellegrino (ed.), Alba 1955; Possidio, *Vita di Agostino*, L. Canali – C. Carena (tr.), A.A.R. Bastiaensen (ed.), Milano 1997[4]; Possidio, *Vita di Agostino*, M. Simonetti (tr.), Roma 1977.

(5) 에스파냐어: Possidius, *Vida de san Agustín*, V. Capánega (tr.), BAC 1, Madrid 1958; 1994[6] (= BAC 10); P.B. Hospital (tr.), *Vida de san Agustín*, El Escorial 1959.

Possidius
VITA AUGUSTINI

⚜

포시디우스
아우구스티누스의 생애

본문

VITA AUGUSTINI

Praefatio

1. Inspirante rerum omnium factore et gubernatore Deo, mei memor propositi, quo per gratiam Salvatoris omnipotenti ac divinae Trinitati per fidem servire decrevi et antea in vita laicorum et nunc in officio episcoporum, studens ex qualicumque adcepto ingenio et sermone aedificationi prodesse sanctae ac verae Christi Domini catholicae ecclesiae, de vita et moribus praedestinati et suo tempore praesentati sacerdotis optimi Augustini, quae in eodem vidi ab eoque audivi, minime reticere. 2. Id enim etiam ante nos factitatum fuisse a religiosissimis sanctae matris ecclesiae catholicae viris legimus et comperimus, qui, divino adflati Spiritu, sermone proprio atque stilo et auribus et oculis scire volentium dicendo et scribendo similia studiosorum notitiae intulerunt, quales quantique viri ex communi dominica gratia in rebus humanis et vivere et usque in

아 우 구 스 티 누 스 의 생 애

머리말: 저술 동기

1. 모든 것의 창조주시요 주재主宰이신 하느님께서 주신 영감으로 말미암아, 나는 아우구스티누스의 삶과 품행에 관하여 그분에게서 직접 보고 들은 바를 전하기로 결심하였다. 그분은 탁월한 주교로 미리 예정되었으며, 또 때가 되어 그리 드러나셨다. 나는 구세주의 은총에 힘입어 전능하시고 거룩하신 삼위일체를 신앙으로 섬기겠노라 결심했던 바를 기억하고 있다. 평신도였을 때에도 이미 그러하였거니와 이제 주교직을 수행하면서, 작으나마 내게 주어진 재능과 말로써 주 그리스도님의 거룩하고 참된 가톨릭 교회의 성장에 도움이 되었으면 하는 바람이다. **2.** 이것은 우리 이전에도 어머니이신 거룩한 가톨릭 교회의 지극히 신심 깊은 분들이 이미 행하셨던 일임을 우리는 읽어서 알고 있다. 사실 그분들은, 모든 이에게 주어진 주님의 은총에 따라 세상에서 죽을 때까지 항구하게 살았던 이들에 관하여 성령의 영감을 받아 (저술하셨다). 그리하여 귀로 (들어서)뿐만 아니라 눈으로 (읽어서도) 알고자 하는 이들에게 힘닿는 대로 자신들의 말과 글로

finem obitus perseverare meruerint. **3.** Idcirco ipse quoque dispensatorum omnium minimus, fide non ficta, qua Domino dominantium omnibusque bonis serviendum et placendum est fidelibus, de praedicti venerabilis viri et exortu et procursu et debito fine, quae per eum didici et expertus sum, quamplurimis annis eius inhaerens caritati, ut Dominus donaverit, explicandum suscepi. **4.** Verum summam quaeso maiestatem, quo munus huiusmodi a me adreptum ita geram et peragam, ut nec Patris luminum offendam veritatem, nec bonorum ecclesiae filiorum ulla ex parte videar fraudare caritatem. **5.** Nec adtingam ea omnia insinuare, quae idem beatissimus Augustinus in suis Confessionum libris de semetipso, qualis ante perceptam gratiam fuerit qualisque iam sumpta viveret, designavit. **6.** Hoc autem facere voluit, ut ait Apostolus, ne de se quisquam hominum supra quam se esse noverat, aut de se auditum fuisset, crederet vel putaret, humilitatis sanctae more utique nihilo fallens, sed laudem non suam sed sui Domini de propria liberatione ac munere quaerens, ex his videlicet quae iam perceperat, et fraternas preces poscens de his quae adcipere cupiebat. **7.** Sacramentum igitur regis, ut angelica auctoritate prolatum est, bonum est abscondere; opera autem Domini revelare et confiteri honorificum est.

써 알려 주셨다. **3.** 그러므로 모든 일꾼들 가운데 막내인 나 또한 통치자들의 주님과 모든 선량한 교우들을 섬기고 기쁘게 해 드리려는 거짓 없는 믿음으로, 그 존경하올 어른께서 어떻게 태어나 사시다가 합당하게 삶을 마감하셨는지에 대해 주님께서 허락하시는 만큼 설명하고자 한다. (그분 문하에서) 여러 해 깊은 사랑을 배워 왔으니만큼 주님께서 나에게 힘을 주시리라 믿는다. **4.** 내가 시작한 이 일을 잘 수행하고 끝까지 완성할 수 있도록 지극히 엄위하신 분께 기도드린다. 그리하여 빛의 아버지(야고 1,17)의 진리를 손상하지 않을뿐더러 교회의 선량한 자녀들의 사랑을 조금이라도 거스르지 않기를 바란다. **5.** 그런데 나는 복되신 아우구스티누스께서 몸소 당신의 작품 『고백록』에서 자신에 관해 말씀하신 바를 모두 다루지는 않을 것이다. 곧 (세례의) 은총을 받기 이전의 상태가 어떠했으며, 또 그 이후는 어떻게 사셨는지에 대해서는 (일일이 이야기하지 않을 것이다). **6.** 그분께서 이렇게 (스스로에 대해 저술하기를) 원하신 것은, 사도께서 말씀하셨듯이(2코린 12,6), 어느 누구도 당신 자신이 스스로에 대해 아신 것보다, 또는 당신에게서 들은 것 이상으로 당신을 믿거나 평가하지 않도록 하시기 위함이었다. 그리하여, 거룩한 겸손의 품행으로써 아무도 속이지 않으셨고 당신께서 이미 찾아 얻은 해방과 선물을 두고서는 당신이 아니라 주님을 찬미하셨으며, 당신이 받기를 원하신 다른 은사를 위해서는 형제들의 기도를 청하셨던 것이다. **7.** 천사가 권위 있게 말한 것처럼, 과연 임금의 비밀은 감추는 것이 좋고, 주님의 업적은 드러내어 밝히는 것이 좋은 법이다 (토빗 12,7 참조).

1

1. Ex provincia ergo Africana, civitate Tagastensi, de numero curialium parentibus honestis et Christianis progenitus erat alitusque ac nutritus eorum cura et diligentia inpensisque, saecularibus litteris eruditus adprime, omnibus videlicet disciplinis inbutus quas liberales vocant. **2.** Nam et grammaticam prius in sua civitate et rhetoricam in Africae capite Carthagine postea docuit, consequenti etiam tempore trans mare in urbe Roma et apud Mediolanium, ubi tunc imperatoris Valentiniani minoris comitatus fuerat constitutus. **3.** In qua urbe tunc episcopatum administrabat adceptissimus Deo et in optimis viris praeclarissimus sacerdos Ambrosius. Huius interea verbi Dei praedicatoris frequentissimis in ecclesia disputationibus adstans in populo intendebat suspensus atque adfixus. **4.** Verum aliquando Manichaeorum apud Carthaginem adulescens fuerat errore seductus, et ideo ceteris suspensior aderat, ne quid vel pro ipsa vel contra ipsam haeresim diceretur. **5.** Et provenit Dei liberatoris clementia sui sacerdotis cor pertractantis, ut contra illum erro-

---

1 아우구스티누스는 354년 11월 13일에 태어났다(아우구스티누스 『행복한 삶』*De beata vita* 6). 고향 타가스테는 오늘날 알제리에 속하는 작은 도시인데, 튀니지 국경 지역에 자리 잡고 있다. 아버지 파트리키우스는 타가스테의 '시정 자문위원'(curialis)이었으나, 형편이 넉넉하지는 못했다. 어머니 모니카는 열심한 그리스도 신자였지만, 아버지 파트리키우스는 예비신자로 지내다가 죽기 직전인 370/371년경에 세례를 받았다(『고백록』 1,11,17; 2,3,6; 9,9,22). 이하 역주는 바스티엔센(A.A.R. Bastiaensen)과 시모네티(M. Simonetti)의 주해를 주로 참조했다.

2 당시 그리스도인들은 '인문학'(artes liberales)을 '세속 지식'(eruditio saecularis)이라 낮추어 불렀고, 일반인들은 '자유 학문'(eruditio liberalis)이라 불렀다. 『신국론』(*De civitate Dei*) 6,2(성염 역주, 교부문헌총서 15, 분도출판사 2004, 642-3) 참조.

제1장. 탄생에서 세례까지(354~387년)

1. 그분은 아프리카 지방 타가스테 시에서 행정 관료이자 올곧은 그리스도인이었던 부모님에게서 태어나셨다.[1] 부모님은 상당한 비용을 감내하시면서 그분을 정성껏 열심히 키우고 교육시키셨다. 그분은 우선 세속 학문에 정통하게 되셨으니, 인문학[2]이라 일컫는 모든 과목을 익히셨던 것이다.[3] **2.** 이리하여 처음에는 당신 고향에서 문법을, 그리고 나중에는 아프리카 지방의 수도 카르타고에서 수사학을 가르치셨다. 그 뒤에는 바다 건너 로마와 밀라노에서도 가르치셨는데, 당시 밀라노에는 발렌티니아누스 2세 황제의 궁정이 있었다. **3.** 이때 밀라노에는 암브로시우스께서 주교직을 수행하고 있었는데, 그분은 하느님의 마음에 쏙 드는 사제였으며 탁월한 사람들 중에서도 단연 뛰어난 분이셨다. 그분은 매우 자주 교회에서 하느님의 말씀을 선포하셨고, 아우구스티누스께서는 사람들 틈에 서서 온갖 주의를 기울여 경청하곤 하셨다.[4] **4.** 사실 이전에 카르타고에서 지내던 젊은 시절, 아우구스티누스께서는 마니교의 오류에 빠져 있었다.[5] 그래서 그분은 (암브로시우스의 설교에) 다른 이들보다 더 주의 깊게 귀를 기울였으니, 그것은 행여 마니교 이단에 부합하거나 반대되는 어떤 말이 나올까 해서였다. **5.** 해방자 하느님께서 그 관대하심으로 당신 사제 (암브로시우스 주교)의 마음을 이끄시어, (구약의) 율법과 관련된 문제들이 마니교도의

---

[3] 마다우라에서 '문법'(grammatica)을 배웠고(365~369년), 카르타고에서 '수사학'(rhetorica)을 배웠다(371~373년).

[4] 고대 그리스도교 대부분의 교회에서는 신자들이 서서 강론을 들었다(『설교』 355,2).

[5] 마니교(Manichaeismus)는 유대교와 비정통 그리스도교의 몇몇 요소를 꿰맞추어 만들어 낸 철저한 이원론에 바탕을 두고 있다. 이 세상에는 선과 악의 원리가 서로 맞서 싸우고 있으며, 이 세상은 그 싸움터라는 것이다. 아우구스티누스는 '평신도'(auditor) 신분으로 10년 가까이 마니교에 빠져 있었다(373~383년). 미셸 따르디외『마니교』이수민 편역, 분도출판사 2005 참조.

rem incidentes legis solverentur quaestiones, atque ita edoctus sensim atque paulatim haeresis illa miseratione divina eius ex animo pulsa est; protinusque in fide catholica confirmatus, proficiendi in religione eidem amoris ardor innatus est, quo propinquantibus diebus sanctis paschae salutis aquam perciperet. **6.** Et factum est divina praestante opitulatione, ut per illum tantum ac talem antistitem Ambrosium et doctrinam salutarem ecclesiae catholicae et divina perciperet sacramenta.

2

1. Moxque ex intimis cordis medullis spem omnem quam habebat in saeculo dereliquit, iam non uxorem, non filios carnis, non divitias, non honores saeculi quaerens, sed Deo cum suis servire statuit et in illo et ex illo pusillo grege esse studens, quem Dominus adloquitur dicens: «Nolite timere, pusillus grex, quoniam complacuit Patri vestro dare vobis regnum. Vendite quae possidetis et date elemosynam; facite vobis sacculos non veterascentes, thesaurum non deficientem in caelis», et cetera. **2.** Et illud quod dicit iterum Dominus, idem vir sanctus facere cupiens: «Si vis esse perfectus, vende omnia quae habes et da pauperibus, et habebis thesaurum in cae-

---

6 세례를 일컫는다.

7 포시디우스의 증언에 따르면, 아우구스티누스의 회심에 결정적인 영향을 준 인물은 암브로시우스다. 아우구스티누스는 387년 부활 성야에 밀라노의 주교 암브로시우스에게 세례를 받았다(『고백록』 9,6,14).

교설과 반대되는 방향으로 풀리도록 해 주셨다. 아우구스티누스께서는 점차 깨우침을 얻으시고, 하느님의 자비로 그 이단에서 조금씩 마음이 멀어지게 되었다. 이렇게 가톨릭 신앙으로 확실히 굳건해지자마자 곧 그의 마음 안에서는, 얼마 남지 않은 거룩한 부활절에 '구원의 물'[6]을 받을 수 있도록 신앙 생활에 더 나아가고자 하는 뜨거운 열망이 솟았다. **6.** 이리하여 하느님의 도우심으로, 아우구스티누스께서는 암브로시우스 주교와 같은 큰 인물을 통하여 가톨릭 교회의 구원의 가르침과 거룩한 성사들을 받게 되었던 것이다.[7]

제2장. 수사학 교수직을 그만두다(386년)

1. 그러고는 즉시, 세상에 두고 있던 모든 희망을 마음 깊은 곳으로부터 등지셨다. 더 이상 아내라든지 육신의 자식, 세상의 부富나 명예 따위를 추구하지 않고, 이제 동료들과 함께 하느님을 섬기기로 작정하셨다.[8] 주님께서 말씀하시는 작은 양 떼 가운데 한 사람이 되고자 애쓰셨던 것이다. "너희들 작은 양 떼야, 두려워하지 마라. 너희 아버지께서는 그 나라를 너희에게 기꺼이 주기로 하셨다. 너희는 가진 것을 팔아 자선을 베풀어라. 너희 자신을 위하여 해지지 않는 돈주머니와 축나지 않는 보물을 하늘에 마련하여라"(루카 12,32-33). **2.** 거룩한 아우구스티누스께서는 주님의 이러한 말씀도 실행에 옮기고 싶어 하셨다. "네가 완전한 사람이 되려거든, 가서 너의 재산을 팔아 가난한 이들에게 주어라. 그러면 네가 하늘에서 보물을 차

---

[8] '하느님을 섬기다'(servire Deo)라는 표현은 수도 생활이나 수행의 삶을 일컫는 전형적인 표현이다. 아우구스티누스는 회심한 후 세례 받기까지 이탈리아 코모 호수 근처 카시키아쿰(Cassiciacum)으로 물러가 지냈다(386년). 이곳에서 어머니 모니카, 아들 아데오다투스, 형제인 나비기우스, 두 조카 라스티디아누스와 루스티쿠스, 친구 알리피우스와 리켄티우스, 후원자 로마니아누스의 아들과 함께 한적한 나날을 엮어 갔다.

lis, et veni, sequere me». Et super fidei fundamentum aedificare desiderans, non ligna, fenum et stipulam, sed aurum, argentum et lapides pretiosos. **3.** Et erat tunc annis maior triginta, sola superstite matre sibique adhaerente et de suscepto eius proposito serviendi Deo amplius quam de carnis nepotibus exsultante; nam eius pater antea defunctus erat. **4.** Renuntiavit etiam scholasticis, quos rhetor docebat, ut sibi magistrum alium providerent, eo quod servire Deo ipse decrevisset.

3

1. Ac placuit ei percepta gratia cum aliis civibus et amicis suis Deo pariter servientibus ad Africam et propriam domum agrosque remeare. **2.** Ad quos veniens et in quibus constitutus ferme triennio et a se iam alienatis, cum his qui eidem adhaerebant Deo vivebat, ieiuniis, orationibus, bonis operibus, in lege Domini meditans die ac nocte. Et de his quae sibi Deus cogitanti atque oranti intellecta revelabat et praesentes et absentes sermonibus ac libris docebat. **3.** Contigit forte eodem tempore ut quidam ex his, quos dicunt

---

9 이때 아우구스티누스의 나이는 서른둘이었다(386년).

10 아버지 파트리키우스는 아우구스티누스가 열일곱 살쯤 되던 무렵(371년경) 세상을 떠났다(『고백록』 3,4,7).

11 그 당시 아우구스티누스는 밀라노의 수사학 초빙 교수였다(384~386년).

12 387년 부활절에 세례를 받은 아우구스티누스는 그해 가을까지 밀라노에 머물렀다. 로마 근교 오스티아 항구에서 귀향선을 기다리던 중 어머니 모니카가 열병으로 세상을 떠났고, 그 이듬해인 388년 가을에야 귀향선을 탈 수 있었다.

지하게 될 것이다. 그리고 와서 나를 따라라"(마태 19,21). 그분은 신앙의 기초 위에 집을 짓기를 원하셨다. 곧, 나무나 풀이나 짚 따위가 아니라 금과 은과 보석으로써 집을 짓고자 하셨던 것이다(1코린 3,12 참조). **3.** 이때가 서른이 좀 넘었을 때라, 홀어머님만 살아 계셨다.[9] 모친께서는 그분과 함께 사시면서, 하느님을 섬기겠노라 하신 아드님의 결심을 육신의 손자 보기보다 더 기뻐하셨다. 부친은 이미 세상을 떠나신 때였다.[10] **4.** 그분은 수사학을 가르치던 학생들에게, 하느님을 섬기겠노라 작정했으니 다른 선생을 찾아보라고 일러 주었다.[11]

제3장. 고향집에서의 수도 생활(388~391년)

1. 세례의 은총을 받은 뒤 아우구스티누스께서는, 당신처럼 하느님을 섬기던 고향 사람들과 친구들과 함께 아프리카에 있는 당신 집과 땅으로 돌아가기를 원하셨다.[12] **2.** 돌아오셔서 삼 년 정도 고향에 머무셨다. 그리고 재산을 포기하시고,[13] 당신과 (뜻을 같이하여) 함께 살던 이들과 더불어 단식과 기도와 선행으로써 밤낮없이 주님의 법을 되새기면서 하느님을 위하여 사셨다.[14] 그분은 묵상하고 기도하는 동안 하느님께서 깨닫게 해 주신 것들을 말씀과 저술로써 함께 있는 이들에게나 멀리 있는 이들에게도 가르쳐 주셨다. **3.** 그 무렵, 통상 '대리인'이라 불리던 사람 가운데 하나가 히포

---

[13] 아우구스티누스는 고향 타가스테에 돌아온 다음 모든 재산을 처분했다(『아우구스티누스의 생애』 5,1; 『편지』 126,7).
[14] 아우구스티누스는 고향 타가스테에서 동료들과 함께 3년 동안 수도 생활을 했다. 그러나 타가스테 공동체는 아직까지 정식 '수도원'(monasterium)은 아니었다. 이때 함께했던 동료들은 아들 아데오다투스, 타가스테 출신 알리피우스와 에보디우스, 누구인지 정확하게 알 수 없는 루키니아누스 및 그 밖의 인물들이었다. 그러나 절친한 친구 네브리디우스는 아우구스티누스와 함께 귀향선을 탔으나 그냥 카르타고에 눌러앉았다.

agentes in rebus, apud Hipponem Regium constitutus, bene Christianus Deumque timens, comperta eius bona fama atque doctrina, desideraret atque optaret eum videre, promittens se posse mundi huius omnes contemnere cupiditates atque inlecebras, si aliquando ex eius ore Dei verbum audire meruisset. **4.** Quod cum ad se fideli fuisset relatione delatum, liberari animam cupiens ab huius vitae periculis morteque aeterna, ad memoratam ultro atque confestim venit civitatem, et hominem visum adlocutus frequentius atque exhortatus est, quantum Deus donabat, ut quod Deo voverat reddidisset. **5.** Ac se ille de die in diem facturum pollicebatur, nec tamen in eius tunc hoc inplevit praesentia. Sed vacare utique et inane esse non potuit quod per tale vas mundum, in honore, utile Domino, ad omne opus bonum paratum, in omni loco divina gerebat providentia.

4

1. Eodem itaque tempore in ecclesia Hipponiensi catholica Valerius sanctus episcopatum gerebat. Qui cum flagitante ecclesiastica necessitate de providendo et ordinando presbytero civitati plebem Dei adloqueretur et exhortaretur, iam scientes catholici sancti Au-

---

15 훗날 아우구스티누스는 자신이 히포에 간 동기가 두 가지였노라고 밝힌다(『설교』 355, 2). 하나는, 정식으로 수도원을 세우기 위한 것이었고, 또 다른 하나는, 수도 생활에 동참하고자 하는 벗을 만나려는 목적이었다. 아마도 아우구스티누스가 말하는 '벗'이 포시디우스가 소개하는 이 '대리인'일 것이다.

16 참조: 로마 9,21; 2티모 3,17.

에 살고 있었는데, 그는 하느님을 두려워하는 훌륭한 그리스도인이었다. 이 사람이 우연히 아우구스티누스의 명망과 그 가르침에 대해 알게 되었다. 그리하여 그는, 아우구스티누스의 입에서 하느님의 말씀을 얻어듣게만 된다면 이 세상의 모든 욕망과 유혹을 멀리하겠노라 약속하면서, 그분을 뵈옵기를 간절히 열망하였다. **4.** 이 이야기를 충실히 전해 들으신 아우구스티누스께서는, 한 영혼이 이 세상의 위험과 영원한 죽음으로부터 해방되기를 바라신 나머지, 망설임 없이 곧 히포로 가서서 그를 만나셨다.[15] 그리고 하느님께서 허락해 주시는 대로 여러 차례 그에게 말씀하시면서, 그 사람이 하느님께 드린 약속을 실행에 옮기도록 권하셨다. **5.** 그는 그렇게 하겠노라 날마다 약속은 하면서도, 정작 그분이 계실 때 실천하지는 않았다. 그렇다고, 그토록 순수하고도 영예로우며, 주님께서 쓰시기에 유익하고도 모든 선행에 맞갖은[16] 도구를 통해 하느님의 섭리가 어디서든 활동하시는 바가 무위에 그칠 수는 없는 일이었다.[17]

제4장. 눈물의 사제 수품(391년)

1. 그즈음 히포의 가톨릭 교회에는 거룩하신 발레리우스께서 주교직을 수행하고 계셨다.[18] 하루는 교회가 간절히 필요로 하므로 히포 시를 위해 사제를 한 사람 세워 서품해야 한다고 하느님 백성에게 이야기하며 권고하고 계신 중이었는데, 이미 아우구스티누스께서 사는 방식과 그 가르침을

---

[17] 아우구스티누스가 히포 방문을 계기로 사제품을 받아 교회를 섬기게 되었다는 사실을 암시하고 있다.
[18] 그 당시 북아프리카에서 가톨릭 교회는 도나투스 교회보다 열세였다. 더군다나 발레리우스 주교는 연만한 데다가 라틴어에 서툰 그리스어권 출신이었으니(『편지』 22,4) 더욱 딱한 형편이었다.

gustini propositum et doctrinam, manu iniecta, quoniam et idem in populo securus et ignarus quid futurum esset adstabat — solebat autem laicus, ut nobis dicebat, ab eis tantum ecclesiis, quae non haberent episcopos, suam abstinere praesentiam —; **2.** eum ergo tenuerunt et, ut in talibus consuetum est, episcopo ordinandum intulerunt, omnibus id uno consensu et desiderio fieri perficique petentibus magnoque studio et clamore flagitantibus, ubertim eo flente; nonnullis quidem lacrimas eius, ut nobis ipse retulit, tunc superbe interpretantibus et tamquam eum consolantibus ac dicentibus quia et locus presbyterii, licet ipse maiori dignus esset, propinquaret tamen episcopatui; **3.** cum ille homo Dei, ut nobis retulit, et maiori consideratione intellegeret et gemeret, quam multa et magna suae vitae pericula de regimine et gubernatione ecclesiae inpendere iam ac provenire speraret, atque ideo fleret. Et eorum, ut voluerunt, completum est desiderium.

5

1. Factusque presbyter monasterium intra ecclesiam mox instituit et

---

19 언제나 수도승으로 남고 싶었던 아우구스티누스는 혹시라도 성직자가 될까봐 주교좌가 비어 있다고 알려진 도시에는 얼씬도 하지 않았다(『설교』 355,2).

20 아우구스티누스는 사제품을 받은 지 얼마 지나지 않아 발레리우스 주교에게 편지를 보내, 사제직을 준비할 수 있는 피정 기간을 달라고 청했다. 그는 이 편지에서 자신이 흘렸던 눈물의 진정한 의미를 말하고 있다. 그것은 사제직의 막중한 책임에 대한 두려움으로 말미암은 것이었다(『편지』 21). 아우구스티누스의 이 설교에서 그 진정성이 드러난다. "제가 여러분을 위하여 있다는 사실이 저를 두렵게 하지만, 제가 여러분과 함께 있다는 사실은 저를 위로해 줍니다. 실제로 여러분에게 저는 주교이지만, 여러분과 함께 저는 그리스도인입니다. 주

알고 있던 가톨릭 신자들은 거룩하신 아우구스티누스를 손으로 지목하였다. 그분이 마침 군중 가운데 계셨던 것이다. 사실, 몸소 우리에게 자주 말씀하신 것처럼, 그분은 평신도로 사실 때 보통으로 주교가 없는 교회만큼은 다니지 않으셨기에, 거기서 생길 일에 대해 전혀 모른 채 안심하고 계셨던 것이다.[19] **2.** 그리하여 사람들은 그분을 붙잡아, 이런 경우 통상 하던 대로, 주교 앞에 천거하여 사제로 서품하도록 청하였다. 모든 이가 한마음으로 원하며 (그분의 서품이) 이루어지기를 간청하면서 열광하고 소리 지르며 졸라 대고 있는데, 그분은 펑펑 울고 계셨다. 그분 몸소 말씀해 주신 바에 따르면, 몇몇은 이 눈물을 교만의 표지로 알아들었다고 한다. 그들은, 그분이 물론 더 높은 지위에 합당한 사람이지만 사제의 자리 또한 주교직으로 나아가는 과정이라고, 마치 위안이라도 하려는 듯 이야기했다는 것이다. **3.** 그런데 사실 그 하느님의 사람 아우구스티누스는, 몸소 말씀하셨듯이, (당신께 생긴 일을) 더 심오한 견지에서 알아들으시고, 교회를 이끌고 다스리는 일 때문에 이제 당신의 삶에 얼마나 많고도 큰 위험을 겪게 될지 예견하셨기에 우신 것이었다.[20] 이리하여 사람들이 원했던 바대로 그 소원이 이루어졌다.[21]

제5장. 사제 생활과 수도 생활의 병행(391년 이후)

1. 사제가 된 뒤 곧바로 그분은 교회 옆에 수도원을 세우시고[22] 거룩한 사

교는 직무의 이름이며, 그리스도인은 은총의 이름입니다. 주교는 위험한 이름이지만, 그리스도인은 구원의 이름입니다. 주교가 위험한 샘이라면, 그리스도인은 구원의 샘입니다"(『설교』 340,1).

21 아우구스티누스는 391년 초에 사제품을 받았다.

22 발레리우스 주교는 아우구스티누스가 '공주 수도 생활'(vita coenobitica)을 열망해 왔다는 사실을 알고, 교회 근처의 정원을 선사하여 수도원을 짓게 하였다(『설교』 355,2).

cum Dei servis vivere coepit secundum modum et regulam sub sanctis Apostolis constitutam: maxime, ut nemo quicquam proprium in illa societate haberet, sed eis essent omnia communia, et distribueretur unicuique sicut opus erat; quod iam ipse prior fecerat, dum de transmarinis ad sua remeasset. **2.** Sanctus vero Valerius ordinator eius, ut erat vir pius et Deum timens, exsultabat et Deo gratias agebat suas exauditas a Domino fuisse preces, quas se frequentissime fudisse narrabat, ut sibi divinitus homo concederetur talis, qui posset verbo Dei et doctrina salubri ecclesiam Domini aedificare, cui rei se homo natura Graecus minusque Latina lingua et litteris instructus minus utilem pervidebat. **3.** Eidem presbytero potestatem dedit se coram in ecclesia evangelium praedicandi ac frequentissime tractandi, contra usum quidem et consuetudinem Africanarum ecclesiarum; unde etiam nonnulli episcopi detrahebant. **4.** Sed ille vir venerabilis ac providus, in orientalibus ecclesiis id ex more fieri sciens et certus, et utilitati ecclesiae consulens, obtrectantium non curabat linguas, dummodo factitaretur a presbytero, quod a se episcopo inpleri minime posse cernebat. **5.** Unde

---

23 '하느님의 종들'(servi Dei)은 아우구스티누스가 수도승을 가리켜 즐겨 쓰는 말이다.

24 포시디우스는 아우구스티누스가 타가스테에서 3년 동안 꾸렸던 수도 공동체를 '수도원'(monasterium)이라 부르지 않았으나, 히포의 수도 공동체는 '수도원'이라 부른다. 본격적인 공주 수도 생활이 히포에서 시작되었다고 본 것이다.

25 사도행전 4장이 전해 주는 예루살렘 교회의 공동 소유의 삶은 아우구스티누스가 추구한 수도 생활의 이상이다. 아우구스티누스의 『수도 규칙』(*Regula*)의 첫 장부터 이 정신이 고스란히 드러난다. Luc Verheijen, "Spiritualità e vita monastica in S. Agostino. L'utilizzazione

도 시대에 제정된 방식과 규정에 따라 하느님의 종들[23]과 함께 살기 시작하셨다.[24] 가장 중요한 것은, 그 공동체에서 어느 누구도 무엇이든 자기 소유로 지닐 수 없고 모든 것은 공동 소유로서, 각자 필요한 만큼 나누어 가져야 한다는 것이었다.[25] 이것은 그분 자신이 바다 건너[26]에서 고향으로 돌아오시면서 이미 실천한 바였다. **2.** 그분을 사제로 서품하신 거룩하신 발레리우스께서는, 경건하고 하느님을 두려워하는 사람답게, 신명이 나서 당신의 기도를 들어주신 하느님께 감사드리셨다. 그분은 하느님의 말씀과 구원의 가르침으로 주님의 교회를 건설할 수 있는 하느님의 사람을 주십사 매우 자주 기도했노라 말씀하셨다. 사실 그분은 그리스 출신으로서 라틴어와 문학에 그리 조예가 없었으므로 이 일에 그다지 적합하지 않다고 스스로 생각하셨다. **3.** 그분은 교회에서 당신 앞에서 복음을 선포하고 자주 설교할 수 있는 권한을 사제 아우구스티누스에게 주셨다. 그런데 이것은 아프리카 교회의 관습에 어긋나는 것이었다.[27] 이런 이유로 어떤 주교들은 발레리우스를 비난하였다. **4.** 그러나 공경받아 마땅하고 신중하신 발레리우스께서는 동방 교회에서는 통상 이렇게 한다는 것을 익히 알고 계시면서 교회의 유익을 찾고 계셨으므로, 헐뜯는 이들의 비난을 귀담아 듣지 않으셨다. 단지 주교인 자신이 할 수 없다고 여기는 일이 사제에게서 이루어지기만 하면 되었던 것이다. **5.** 이리하여 등경 위에 놓인 타오르는

---

monastica degli Atti degli Apostoli 4, (31)32-5", La Regola di S. Agostino. Studi e ricerche, Palermo 1986, 71-92; 아돌라르 줌켈러 『아우구스티누스 규칙서』 이형우 옮김, 분도출판사 1997² 참조.

[26] 지중해 건너편 유럽 대륙을 가리킨다.

[27] 고대 그리스도교에서 설교는 주교의 고유 권한이었다. 그러나 동방 교회에서는 점차 사제들에게도 설교가 허용되었다. 예컨대, 4세기 말에 예루살렘에서는 사제가 전례 도중에 설교하였다(『에게리아의 순례기』*Itinerarium Egeriae* 25,1). 서방 교회에서는 주교가 설교를 독점하던 관행이 비교적 더 오래 지속되었다.

adcensa et ardens levata super candelabrum lucerna omnibus qui in domo erant lucebat. Et postea currente et volante huiusmodi fama, bono praecedente exemplo, adcepta ab episcopis potestate, presbyteri nonnulli coram episcopis populis tractare coeperunt.

6

1. Sane in illa tunc Hipponiensi urbe Manichaeorum pestilentia quamplurimos vel cives vel peregrinos et infecerat et penetraverat, seducente et decipiente eiusdem haeresis quodam presbytero, nomine Fortunato, ibidem conversante atque manente. **2.** Interea Hipponienses cives vel peregrini Christiani, tam catholici quam etiam Donatistae, adeunt presbyterum ac deposcunt, ut illum hominem Manichaeorum presbyterum, quem doctum credebant, videret et cum eodem de lege tractaret. **3.** Quod idem, ut scriptum est, paratus ad responsionem omni poscenti se rationem de fide et spe quae in Deum est, potensque exhortari in doctrina sana et contradicentes redarguere, minime renuit; sed utrum etiam ille hoc fieri vellet scicitatus est. **4.** At illi confestim ad ipsum Fortunatum id detulerunt, petentes et exhortantes ac flagitantes quod id minime recusaret. Sane quoniam idem Fortunatus iam apud Carthaginem sanctum noverat Augustinum adhuc in eodem secum errore constitutum, cum eodem congredi pavitabat. **5.** Verumtamen suorum maxime

등불은 집 안에 있는 모든 사람을 비추게 되었다(참조: 요한 5,35; 마태 5,15). 그 후 이런 일의 소문이 삽시간에 퍼져서, 이 좋은 선례를 따라 주교들에게서 같은 권한을 받은 몇몇 사제는 주교들 앞에서 백성에게 설교하기 시작하였다.[28]

제6장. 마니교도 포르투나투스와의 논쟁(392년)

1. 그 무렵 히포 시에는 마니교의 역병이 돌아 토박이와 이방인을 막론하고 수많은 이가 전염되었다. 호리고 속이는 그 이단의 사제는 포르투나투스라는 인물이었는데, 그는 거기에서 일을 꾸미며 머물고 있었다. 2. 그때 히포의 시민이나 이방인, 또 가톨릭 신자나 심지어 도나투스파를 막론하고 몇몇 그리스도인이 사제 아우구스티누스에게 가서 그 마니교 사제를 만나 줄 것을 청하였다. 포르투나투스를 박식한 인물로 여긴 그들은, 그분이 율법을 주제로 그와 토론해 주기를 원했던 것이다. 3. 성경에 기록된 대로 믿음과 하느님께 둔 희망에 관하여 무엇이든 대답할 준비가 되어 있었을뿐더러 건전한 가르침으로 훈계하고 어긋나는 소리를 하는 이들을 논박할 역량을 갖춘 그분은(참조: 1베드 3,15; 티토 1,9) 전혀 물러서지 않았을 뿐 아니라 포르투나투스도 그리할 용의가 있는지 물으셨다. 4. 그들은 곧바로 포르투나투스에게 이 소식을 알려 주면서 그 또한 이를 거절하지 말아 달라고 청하고 권하며 간곡히 졸랐다. 사실 포르투나투스는 벌써 카르타고에서부터 거룩하신 아우구스티누스를 알고 있었는데, 그때는 그분이 아직 포르투나투스와 같은 오류에 빠져 계실 때였다. 그는 이제 그분과 토론하기를 꺼리고 있었다. 5. 그러나 무엇보다 자기편 사람들의 강권에 밀리고

---
[28] 예컨대, 카르타고의 주교 아우렐리우스도 사제들의 설교 관행을 도입하였다(『편지』 41,1).

instantia coactus ac verecundatus promisit in comminus se esse venturum certamenque disputandi subiturum. **6.** Unde condicto die et loco convenerunt in unum, concurrentibus quamplurimis studiosis turbisque curiosis, et apertis notarii tabulis disputatio est coepta primo, et secundo finita est die. **7.** In qua ille Manichaeus praeceptor, ut se gestorum continet fides, nec catholicam adsertionem potuit vacuare nec Manichaeorum sectam veritate subnixam valuit comprobare; sed responsione deficiens ultima conlaturum se cum suis maioribus ea, quae refellere non potuit, prosecutus est, et si sibi forte de his satis minime fecissent, suae animae consulturum; atque ita ab omnibus, apud quos magnus et doctus videbatur, nihil valuisse in suae sectae adsertione iudicatus est. **8.** Qua ille confusione adfectus et sequenti tempore de Hipponiensi civitate profectus, ad eam amplius non remeavit; ac sic per memoratum Dei hominem omnium cordibus, vel qui aderant vel qui absentes illa quae gesta sunt cognoverant, error ille ablatus, catholica est intimata ac retenta sincera religio.

7

1. Et docebat et praedicabat ille, privatim et publice, in domo et in ecclesia, salutis verbum cum fiducia adversus Africanas haereses maximeque contra Donatistas, Manichaeos et paganos, libris con-

부끄러움을 느낀 나머지, 아우구스티누스를 만나 이 논쟁에 임하겠노라 약속하였다. **6.** 이리하여 정해진 날과 장소에서 둘은 만났다. 관심 가진 많은 이와 호기심에 찬 군중이 모여들었고, 속기사들은 서판을 펼쳐 들었다. 이렇게 첫날 논쟁이 시작되었고, 이튿날 끝이 났다.[29] **7.** 이 논쟁의 기록이 이야기해 주듯이, 여기서 마니교의 선생은 가톨릭의 입장을 논박하지 못했거니와 마니교 집단이 내세울 만한 진리를 지니고 있는지 제대로 증명해 내지도 못하였다. 마지막 대답에서는, 논박하지 못한 논제들에 대하여 자기 상급자들과 논의해 보겠다며 뒤로 물러섰다. 그들도 만족할 만한 답변을 내놓지 못한다면 그때에는 스스로의 힘으로 준비해 보겠노라는 것이었다. 이리하여 포르투나투스를 유능하고 박식하다고 여기던 모든 이는 그가 자기 집단의 교리를 전혀 옹호하지 못한다고 판단하게 되었다. **8.** 부끄러움으로 참담해진 포르투나투스는 뒤이어 히포 시를 영 떠나 다시는 돌아오지 않았다. 이리하여 이 하느님의 사람 덕분으로 마니교의 오류는 그 자리에 있었던 이들이나, 거기 없었더라도 일어난 일을 나중에 알게 된 사람들의 마음에서 멀어졌다. 반면 참된 가톨릭 신앙은 깊이 스며들고 유지되었다.

제7장. 이단과 열교를 거슬러

1. 아우구스티누스께서는 공·사석을 막론하고 집에서나 교회에서나 아프리카 지방의 이단들, 특히 도나투스파와 마니교도 그리고 이교도에 맞서 구원의 말씀을 자신 있게 가르치고 설교하셨다(사도 13,26 참조). 써 내신 책

---

[29] 이 논쟁은 392년 8월 28~29일에 있었다(『마니교도 포르투나투스 반박』*Acta contra Fortunatum Manichaeum* 3,14-15,26).

fectis et repentinis sermonibus, ineffabiliter admirantibus Christianis et conlaudantibus et hoc ipsum, ubi poterant, non tacentibus et diffamantibus. **2.** Atque Dei dono levare in Africa ecclesia catholica exorsa est caput, quae multo tempore illis convalescentibus haereticis praecipueque rebaptizante Donati parte, maiore multitudine Afrorum seducta et pressa et obpressa iacebat. **3.** Et hos eius libros atque tractatus mirabili Dei gratia procedentes ac profluentes, instructos rationis copia atque auctoritate sanctarum Scripturarum, ipsi quoque haeretici concurrentes cum catholicis ingenti ardore audiebant et, quisquis, ut voluit et potuit, notarios adhibentes, ea quae dicebantur excepta describentes. **4.** Et inde iam per totum Africae corpus praeclara doctrina odorque suavissimus Christi diffusa et manifestata est, congaudente quoque id comperto ecclesia Dei transmarina. Quoniam sicut, dum patitur unum membrum, compatiuntur omnia membra, ita, cum glorificatur unum membrum, congaudent omnia membra.

---

30 아우구스티누스는 평소 깊이 묵상했던 성경 대목에 관하여 즉흥 설교를 곧잘 했다(『아우구스티누스의 생애』 15,2).

31 도나투스파들은 자신들의 교회야말로 순교자의 교회요 거룩한 교회이며, 가톨릭 교회는 배교자의 교회, 죄인의 교회라고 주장했다. 그리하여 죄스런 교회, 곧 가톨릭 교회에서 세례를 받은 사람들이 도나투스 교회에 입교하고자 할 때 '재세례'(rebaptisma)를 베풀었다. 이것은 키프리아누스의 성사론과 교회론의 오류를 그대로 이어받은 것이다. 최원오 「키프리아누스 바로 보기 — 키프리아누스의 교회론과 성사론에 대한 비판적 연구」『신·세계·인간』분도출판사 2004, 241-81 참조.

들과 즉흥적인 설교[30]로 그리스도인의 형언할 수 없는 경탄과 갈채를 받으셨으니, 이들은 (이 모든 것에 대해) 잠잠히 있지 아니하고, 할 수 있는 곳이라면 어디서든지 널리 알렸다. **2.** 이리하여 하느님의 은혜로 아프리카의 가톨릭 교회는 오랜 침체기를 벗어나 마침내 고개를 들기 시작하였다. 사실 이단들이 기세를 떨치면서, 특히 도나투스파의 재세례[31]로 말미암아, 아프리카 사람들 대부분은 미혹되어 교회는 그만 짓밟히고 억눌려 있었던 것이다. **3.** 하느님의 놀라운 은혜로부터 샘솟아 흘러나온 그분의 책들과 설교[32]는 풍부한 이성적 논증뿐 아니라 거룩한 성경의 권위로도 지탱되고 있어, 심지어 이단자들마저 가톨릭 신자들과 함께 뜨거운 관심을 보이며 몰려들어 말씀에 귀 기울였다. 그리고 누구든 원하는 이는 그리할 수 있었으니, 속기사들을 고용하여 그분의 말씀들을 받아 적었던 것이다. **4.** 바로 여기서 이미 아프리카 전역에 그리스도의 빛나는 가르침과 지극히 그윽한 향기가(참조: 2코린 2,15; 에페 5,2) 널리 퍼져 나가고 뚜렷이 드러났다. 이를 알게 된 바다 건너편 하느님의 교회도 함께 기뻐하였다.[33] 왜냐하면 "한 지체가 고통을 겪으면 모든 지체가 함께 고통을 겪고, 한 지체가 영광을 받으면 모든 지체가 함께 기뻐하기"(1코린 12,26) 때문이다.

---

[32] 엄밀하게 구별하면, 미사 전례 도중에 행해지는 성경 해설을 '설교'(homilia/sermo)라 하고, 일반적인 성경 풀이 특강을 '강해'(tractatus)라고 한다. 그러나 이 둘은 종종 동의어처럼 혼용된다. 이와는 달리, 청중 없이 집필된 본격적 성경 해설서를 통상 '주해'(commentarium) 라 한다.

[33] 예컨대, 아우구스티누스는 밀라노의 심플리키아누스가 자신의 저술들을 소장하고 있다는 사실을 놀라워했다(『편지』 37,2).

8

1. Ille vero beatus senex Valerius, ceteris ex hoc amplius exsultans et Deo gratias agens de concesso sibi speciali beneficio, metuere coepit, ut est humanus animus, ne ab alia ecclesia sacerdote privata ad episcopatum quaereretur et sibi auferretur; nam et id provenisset, nisi hoc idem episcopus cogito ad locum secretum eum transire curasset atque occultatum a quaerentibus minime inveniri fecisset. 2. Unde amplius formidans idem venerabilis senex et sciens se corpore et aetate infirmissimum, egit secretis litteris apud primatem episcoporum Carthaginiensem, adlegans inbecillitatem corporis sui aetatisque gravitatem, et obsecrans ut Hipponiensi ecclesiae ordinaretur episcopus, quo suae cathedrae non tam succederet sed consacerdos adcederet Augustinus. Et quae optavit et rogavit satagens, rescripto inpetravit. 3. Et postea petito ad visitandum et adveniente ad ecclesiam Hipponiensem tunc primate Numidiae Megalio, Calamensi episcopo, Valerius antistes episcopis, qui forte tunc aderant, et clericis omnibus Hipponiensibus et universae plebi inopinatam cunctis suam insinuat voluntatem; omnibusque audientibus gratulantibus atque id fieri perficique ingenti desiderio clamantibus, episcopatum suscipere contra morem ecclesiae suo vivente episco-

---

34 디오클레티아누스 황제 시절 아프리카 교구는 여섯 개 '지방'(provincia)으로 나뉘어 있었다. 히포 교구는 누미디아 지방 소속이었는데, 칼라마 교구의 주교가 누미디아 지방 주교들의 수장 노릇을 했다. 카르타고의 주교는 아프리카 전체 지방 교회 주교들의 수장이었고, 당시 카르타고의 주교는 아우렐리우스였다(파울리누스 『암브로시우스의 생애』*Vita Ambrosii* 54,9).

제8장. 주교 아우구스티누스(395년)

1. 복되신 어른 발레리우스야말로 다른 누구보다 신명이 나서 이처럼 특별한 은혜를 당신에게 베풀어 주신 하느님께 감사드렸다. 그런데 발레리우스는, 사람의 마음이 본디 그러하듯이, 주교가 공석인 다른 교회가 아우구스티누스를 주교직에 청하여 그분을 당신에게서 앗아갈까 봐 두려워하기 시작하셨다. 사실, 이를 미리 알고 계시던 발레리우스께서 그분이 은밀한 장소로 몸을 옮기게끔 조치를 취하셔서 그분을 찾아다니던 사람들로 하여금 결국 못 찾도록 하지 않으셨더라면, 그런 일이 생길 뻔도 하였다. **2.** 존경하올 어르신께서는 더 두려워지셨다. 그리하여 몸의 상태와 (연만한) 나이로 인해 몹시 쇠약해졌음을 생각하시고 (북아프리카) 주교들의 수장인 카르타고의 주교에게 은밀히 편지를 쓰셨다.[34] 당신의 몸이 약해지고 나이가 많이 들었다는 사실을 알리면서, 주교좌를 계승할 후계자로서라기보다는 (자신을 도와 함께 일할) 동료 주교의 자격으로 아우구스티누스를 히포 교회의 주교로 서품할 수 있도록 해 주십사 청원하신 것이다. 그리하여 그토록 간절히 바라고 청하던 바를 회신으로 얻게 되었다. **3.** 그 후 당시 누미디아 지방의 수장이요 칼라마의 주교였던 메갈리우스께 히포 교회를 방문해 달라고 청하시어 그분이 오셨을 때, 발레리우스 주교께서는 그때 우연히 그곳에 있던 주교들과 히포의 모든 사제와 온 백성에게 아무도 짐작 못하던 당신의 의향을 알리셨다.[35] 듣고 있던 모든 이는 기뻐 열광하면서, 그리되고 그리 이루어져야 한다고 큰 목소리로 외쳤다. 그러나 아우구스티누스 사제께서는 당신 주교가 아직 살아 있다 하여 주교직 수락을 거절

---

35 발레리우스 주교는 누미디아 교회회의를 준비하여 누미디아 지방의 수장인 칼라마의 메갈리우스 주교를 비롯한 누미디아 지방 소속 교회 주교들을 초청했다. 그는 이 기회에 아우구스티누스를 주교로 서품하고자 하였다.

po presbyter recusabat. **4.** Dumque illi fieri solere ab omnibus suaderetur atque id ignaro transmarinis et Africanis ecclesiae exemplis provocaretur, compulsus atque coactus succubuit et maioris loci ordinationem suscepit. **5.** Quod in se postea fieri non debuisse, ut vivo suo episcopo ordinaretur, et dixit et scripsit, propter concilii universalis vetitum, quod iam ordinatus edidicit; nec quod sibi factum esse doluit, aliis fieri voluit. **6.** Unde etiam sategit ut conciliis constitueretur episcoporum ab ordinatoribus debere ordinandis vel ordinatis omnium statuta sacerdotum in notitiam esse deferenda; atque ita factum est.

9

1. Et episcopus multo instantius ac ferventius, maiore auctoritate, non adhuc in una tantum regione, sed ubicumque rogatus venisset, verbum salutis aeternae alacriter ac gnaviter pullulante atque crescente Domini ecclesia praedicabat, paratus semper poscentibus reddere rationem de fide et spe quae in Deum est. Et eius dicta atque excepta maxime Donatistae, in eadem Hipponiensi vel vicina manentes civitate, ad suos episcopos deferebant. **2.** Quae cum au-

---

36 아우구스티누스는 426년에 자신의 후계자(succesor)요 부주교(coadiutor)로 에라클리우스를 지명했지만, 자신이 세상을 떠난 뒤에 주교품을 받아야 한다는 조건을 달았다. 그것은 니케아 공의회(325년)가 세운 '한 교구 한 주교!' 규정에 어긋나서는 안 된다는 이유에서였다. "나는 나에게 벌어진 일이 그에게도 일어나지 않기를 바랍니다. ··· 나는 복된 기억으로 남아 있는 연만하신 발레리우스께서 아직 살아 계실 때에 주교품을 받았습니다. 나는 그분과 함께

하셨으니, 이는 교회의 관습에 어긋난다는 것이었다. **4.** 그러자 모든 이는 이것이 통상 있는 일이라며, 그분이 아직 모르고 있던 아프리카와 바다 건너 교회의 예를 들면서 설득하였다. 결국 압력과 강요에 못 이겨 아우구스티누스께서는 이를 수락하시고 더 높은 품계의 직무를 받아들이셨다. **5.** 그러나 뒤에 그분은 당신 주교가 아직 살아 계시는데 자신이 서품되지 않았어야 옳았다고 말씀하시고 글로 쓰셨다. 왜냐하면, 수품 뒤에야 알게 되셨거니와, 보편 공의회에서 금지한 일이었기 때문이다. 그분은 당신께 벌어진 괴로웠던 일이 다른 이에게도 생기는 것을 원하지 않으셨다.[36] **6.** 따라서 주교로 서품하는 이들은 주교품을 받을 이들에게나 이미 받은 이들에게 주교들의 모든 결정 사항을 알려 주어야 한다는 규정이 교회회의들을 통하여 결정되도록 애를 쓰셨고, 마침내 그리 이루어졌다.[37]

제9장. 논쟁을 피하는 도나투스 열교

1. 주교가 된 아우구스티누스께서는 이제 한 지역만 아니라 오라고 하는 곳이면 어디든지 가서 기꺼이 또 부지런히, 더 큰 정성과 열정 그리고 더 큰 권위로 영원한 구원의 말씀(사도 13,26)을 설교하셨다. 그러면서 주님의 교회는 더욱 번성하고 성장하였다. 아우구스티누스께서는 믿음과 하느님께 둔 희망에 관하여 묻는 이에게 언제나 설명할 준비가 되어 계셨다. 특히 히포 시에 살거나 근처 다른 곳에 살던 도나투스파 사람들까지 그분의 말씀과 기록을 가지고 가서 자기 주교들에게 전해 주었다. **2.** (아우구스티

착좌했지만, 니케아 공의회에서 그것을 금지했다는 것을 나도 몰랐고 그분도 모르셨습니다"(『편지』 213,4). 그러나 정작 니케아 공의회 법규(canon) 제8항은 부주교(coadiutor)의 서품마저 금지하지는 않았다. 아우구스티누스의 지나친 법규 해석이라 할 수 있다.

[37] 제3차 카르타고 교회회의(397년)에서는, 주교품을 주는 사람은 받는 사람에게 이전 공의회들의 결정 사항들을 미리 일러 주어야 한다고 결정하였다(법규 제3항).

dissent et contra forte aliquid dicerent, aut a suis refellebantur, aut eadem responsa ad sanctum Augustinum deferebantur, eaque comperta patienter ac leniter et, ut scriptum est, cum timore et tremore salutem hominum operabatur, ostendens quam nihil referre illi voluerint ac valuerint, quamque verum manifestumque sit, quod ecclesiae Dei fides tenet ac dicit; et haec diebus ac noctibus ab eodem iugiter agebantur. **3.** Nam et epistulas privatas ad quosque eiusdem erroris episcopos eminentes scilicet et laicos dedit, ratione reddita admonens atque exhortans, ut vel ab illa se pravitate corrigerent vel certe ad disputationem venirent. **4.** At illi causae diffidentia ne quidem umquam rescribere voluerunt, sed irati furiosa loquebantur atque seductorem et deceptorem animarum Augustinum esse et privatim et publice conclamabant, et ut lupum occidendum esse in defensionem gregis sui dicebant et tractabant, omniaque peccata a Deo indubitanter esse credendum posse dimitti his qui hoc facere ac perficere potuissent, nec Deum timentes nec hominibus erubescentes. Et ut eorum causae diffidentia cunctis innotesceret elaboravit, et publicis gestis conveniri non sunt ausi conferre.

---

38 아우구스티누스는 주교직 초기에 도나투스파의 많은 주교에게 편지를 써서, 교회 일치를 촉구하거나 공개 토론을 제안하였다(「편지」 23; 33; 49; 51; 66; 87; 106; 108). 또 영향력 있는 사제들과 평신도들에게도 편지를 보내어 도나투스파 주교의 오류를 지적하기도 했다(「편지」 34; 35; 43; 44; 52; 56; 57; 76; 105).

누스의 가르침을) 들은 이들은 때로 어떤 점에 대해 반박하려 해 보았으나, 자신들의 추종자들에게 논박되어 버리든지 혹은 그들의 답변들이 거룩하신 아우구스티누스에게 전해지든지 하였다. 그러면 그분은 (그것들을) 검토한 후 성경에 기록된 대로(필리 2,12) 인내롭고 온유하게, 두려움과 떨림으로 모든 이의 구원을 위해 노력하시어, 그 사람들이 도무지 무엇 하나라도 논박하지 못하게 했을 뿐 아니라, 하느님의 교회가 믿고 가르치는 바가 얼마나 명백하고 참된 것인지 드러내 보이셨다. 그분은 이런 일에 밤낮 끊임없이 매진하셨다. **3.** 사실 아우구스티누스께서는 도나투스파 주교들과 유명한 평신도들에게 사신私信을 써 보내셨다.[38] 여기서 그분은 이치를 설명하시면서 그들이 오류에서 벗어나 교정되도록, 혹은 적어도 (당신과의) 토론에 나서도록 훈계하고 권고하셨다. **4.** 그러나 이 일에 자신이 없던 그들은 단 한 번도 답하지 않았으며, 흥분하고 분노한 나머지 아우구스티누스가 영혼을 속이고 미혹하는 자라며 떠들어 댔다. 그들은 공석에서나 사석에서나 이런 식으로 말하며, 심지어 설교 중에도 아우구스티누스는 자신들의 양 떼를 보호하기 위해 죽여야 할 늑대라고 했다.[39] 그리고 이 일을 실행하고 완수할 수 있는 사람들에게는 하느님께서 모든 죄를 용서해 주시리라 전혀 의심 없이 믿어야 한다는 것이었으니, 그들은 도무지 하느님을 두려워할 줄도, 사람 앞에서 부끄러워할 줄도 몰랐다. 그러자 아우구스티누스께서는 그들이 (스스로의 주장에) 자신 없어 한다는 사실을 모든 이가 알도록 손을 쓰셨다. 그들은 공개 토론에 불려 나와 감히 (아우구스티누스와) 겨룰 엄두도 내지 못했던 것이다.

---

39 도나투스파 주교 포르투니우스는 아우구스티누스와 그 동료들을 양가죽을 덮어쓴 늑대에 비유하였다(『편지』 44,2,4). 이 늑대의 비유는 도나투스파뿐 아니라 가톨릭도 똑같이 활용하였다(『페틸리아누스 서간 반박』*Contra litteras Petiliani* 1,20,22; 『도나투스파 반박 시편』 *Pslamus contra partem Donati* 29; 『세례론』*De baptismo* 2,7,10).

10

1. Habebant etiam iidem Donatistae per suas paene omnes ecclesias inauditum hominum genus perversum ac violentum, velut sub professione continentium ambulantes, qui circumcelliones dicebantur; et erant in ingenti numero et turbis per omnes paene Africanas regiones constituti. 2. Qui malis inbuti doctoribus, audacia superba et temeritate inlicita, nec suis nec alienis aliquando parcebant, contra ius fasque in causis intercedentes hominibus — et nisi oboedissent, damnis gravissimis et caedibus adficiebantur —, armati diversis telis, bacchantes per agros villasque, usque ad sanguinis effusionem adcedere non metuentes. 3. Sed dum verbum Dei sedulo praedicaretur et cum his qui oderant pacem pacis ratio haberetur, illi loquentes debellabant gratis. 4. Et cum adversus eorum dogma veritas innotesceret, qui volebant et poterant, sese inde vel eripiebant vel subducebant, et paci atque unitati ecclesiae cum suis quibus poterant cohaerebant. 5. Unde illi sui erroris minui congregationes videntes atque augmentis ecclesiae invidentes, adcensi exardescebant ira gravissima et intolerabiles persecutiones unitati ecclesiae compactis faciebant, ipsisque catholicis sacerdotibus et ministris adgressiones diurnas atque nocturnas direptionesque rerum omnium inferebant. 6. Nam et multos Dei servos caedi-

---

40 북아프리카의 농민 저항 세력들로서, 종종 도나투스파 근본주의자들과 합세하여 가톨릭 교회에 맞서 폭력을 행사하였다. '키르쿰켈리오네스'라는 이름은 가난한 떠돌이 농민들이었던 그들이 양식을 구하기 위하여 추수가 끝난 '곳간 주변'(circum cellas)을 맴돌았다 하여

제10장. 도나투스파 근본주의자들의 만행

1. 도나투스파의 거의 모든 교회에는 고약하기 짝이 없고 폭력적인 무리가 있었다. 금욕 서약을 한 채 떠돌아다니던 이들은 '키르쿰켈리오네스'[40]라고 불렸는데, 매우 큰 무리를 짓고 아프리카의 거의 모든 지역에 퍼져 있었다. **2.** 못된 선생[41] 밑에서 배운 터라 고삐 풀린 만용과 범법도 꺼리지 않는 객기로 (사람을 괴롭히는데) 자기 동료든 외부인이든 가리지 않았다. 모든 법을 거슬러, 사람들이 법정으로 문제를 가져가지 못하도록 막았다. 행여 누구라도 이에 복종하지 않을 때에는 크나큰 해악과 폭력을 가했다. 온갖 흉기를 갖추고, 들이고 고을이고 휩쓸고 다니면서 심지어 피를 보는 짓마저 서슴지 않았다. **3.** (가톨릭 교회) 사람들은 열성적으로 하느님의 말씀을 전하면서 평화를 미워한 사람에게도 평화롭게 대하였으나, 그들은 이런 방식으로 이야기하는 이들에게 공연히 싸움을 걸었다. **4.** 이들의 잘못된 교설을 거슬러 진리가 널리 알려지기 시작하였으므로, 도나투스파 가운데 그리 원하거나 할 수 있었던 이들은 대체로 드러내 놓고 (그들의 집단에서) 떨어져 나왔으며 그들이 설득시킨 다른 이들도 데리고 나와 교회의 평화와 일치에 결합하였다. **5.** '키르쿰켈리오네스'는 자신들의 오류를 따르던 무리가 줄어드는 것을 보고 교회가 커 나가는 것을 시기한 나머지, 격심한 분노로 타오르며 교회의 일치에 결합한 이들을 상대로 견디기 힘든 박해를 가하였다. 밤낮없이 심지어 가톨릭 주교들과 성직자들에게까지 쳐들어가 모든 것을 약탈하였다. **6.** 하느님의 많은 종이 맞아 쇠약해졌다. 어

붙은 별명이라는 것이 통설이다(『시편 상해』*Enarrationes in Psalmos* 132,3; 『도나투스파 주교 가우덴티우스 반박』*Contra Gaudentium Donatistarum episcopum* 1,28,32).

[41] 도나투스파를 가리킨다.

bus debilitaverunt, aliquibus etiam calcem cum aceto in oculos miserunt aliosque occiderunt. Unde etiam suis iidem Donatistae rebaptizatores in odium veniebant.

11

1. Proficiente porro doctrina divina, sub sancto et cum sancto Augustino in monasterio Deo servientes ecclesiae Hipponiensi clerici ordinari coeperunt. **2.** Ac deinde innotescente et clarescente de die in diem ecclesiae catholicae praedicationis veritate sanctorumque servorum Dei proposito, continentia et paupertate profunda, ex monasterio, quod per illum memoabilem virum et esse et crescere coeperat, magno desiderio poscere atque adcipere episcopos et clericos pax ecclesiae atque unitas et coepit primo et postea consecuta est. **3.** Nam ferme decem, quos ipse novi, sanctos ac venerabiles viros continentes et doctos beatissimus Augustinus diversis ecclesiis, nonnullis quoque eminentioribus, rogatus dedit. **4.** Similiterque et ipsi ex illo sanctorum proposito venientes Domini ecclesiis propagati[s] et monasteria instituerunt et, studio crescente aedificationis verbi Dei, ceteris ecclesiis promotos fratres ad suscipiendum sacerdotium praestiterunt. **5.** Unde per multos et in multis salubri[s] fidei, spei et caritatis ecclesiae innotescente doctrina, non solum

---

42 아우구스티누스도 그들의 잔인함에 대해 수차례 증언한 바 있다(『편지』 111,1; 『도나투스파 문법학자 크레스코니우스 반박』 3,42,46; 『도나투스파 반박 토론 초록』*Breviculus conlationis cum Donatistis* 3,11,22).

떤 이들은 초醋가 섞인 석회를 눈에 맞기도 하고, 어떤 이들은 죽임을 당하기도 했다. 이 때문에 재세례를 주장하던 도나투스파 사람들은 심지어 자기 무리마저 미워하게 되었던 것이다.⁴²

제11장. 다른 교회에 파견되는 히포의 사제와 수도승들

1. 거룩한 가르침이 널리 퍼져 나가자 거룩하신 아우구스티누스의 지도 아래 그분과 함께 수도원에서 하느님을 섬기던 이들이 히포 교회의 사제로 서품되기 시작하였다. 2. 그리하여 가톨릭 교회가 가르치는 진리뿐 아니라 하느님의 거룩한 종들이 추구하던 철저한 가난과 수행의 삶도 나날이 더 알려지고 빛나게 되었다. 그러므로 길이 기억에 남으실 이 어른을 통해 세워지고 커 나간 이 수도원에 (여러 교회 공동체들이) 크나큰 바람으로 주교와 사제를 청하여 얻기 시작하였다. 그리하여 교회의 평화와 일치가 우선은 시작되고 나중에는 굳건해졌던 것이다. 3. 사실 복되신 아우구스티누스께서는 요청에 따라, 수행과 학식에 뛰어난 거룩하고도 존경할 만한 사람 열 분 정도를 매우 중요한 교회를 비롯하여 여러 곳에 보내 주셨는데, 나도 이분들을 알고 지냈다. 4. 이들 역시 그 거룩한 삶의 방식⁴³으로부터 여러 곳에 퍼진 주님의 교회들로 가면서 수도원들을 세웠다. 그리고 하느님 말씀으로 (교회를) 건설하려는 열망이 커 나감에 따라, 사제직을 받을 형제들을 준비시켜 뒷날 다른 교회들의 우두머리가 될 수 있도록 하였다. 5. 그래서 교회 안에서 이루어진 믿음과 희망과 사랑에 관한 구원의 가르침이 많은 이를 통하여 그리고 많은 이 안에서 아프리카 전 지역뿐 아니라

---

⁴³ 수도 생활을 뜻한다.

per omnes Africae partes, verum etiam in transmarinis, et libros editos atque in Graecum sermonem translatos, ab illo uno homine et per illum a multis, favente Deo, cuncta innotescere meruerunt. **6.** Atque hinc, ut scriptum est, peccator videns irascebatur, dentibus suis frendebat et tabescebat; servi autem tui, ut dictum est, cum his qui oderant pacem erant pacifici, et cum loquerentur, debellabantur gratis ab eis.

12

1. Aliquotiens vero etiam vias armati iidem circumcelliones famulo Dei Augustino obsederunt, dum forte iret rogatus ad visitandas, instruendas et exhortandas catholicas plebes, quod ipse frequentissime faciebat. **2.** Et aliquando contigit ut illi subcenturiati hactenus perderent captionem: evenit enim Dei quidem providentia sed ducatoris hominis errore, ut per aliam viam cum suis comitibus sacerdos quo tendebat venisset, atque per hunc quem postea cognovit errorem manus inpias evasisset et cum omnibus liberatori Deo gratias egisset. Et omnino suo more illi nec laicis nec clericis pepercerunt, sicut publica contestantur gesta. **3.** Interea silendum non est quod ad laudem Dei per illius tam egregii in ecclesia viri studium domusque Dei zelum adversus praedictos rebaptizatores Donatistas gestum et perfectum est. **4.** Cum forte unus ex his, quos de suo mo-

바다 건너 지방까지 널리 알려지게 되었다. 사실 그리스어로도 옮겨져 편찬된 그분의 책들 덕분에, 꼭 그분뿐 아니라, 그분을 통해 이제 많은 이가 하느님의 도우심으로 (그리스도교 교리의) 모든 것을 알릴 수 있게 되었던 것이다. **6.** 따라서 성경에 기록된 대로 이를 본 죄인은 분노하고 이를 갈며 어찌할 바를 몰랐다(시편 112,10 참조). 그러나 당신의 종들은, 성경에 기록된 대로, 평화를 미워하는 이들과 평화로이 지내며, 평화에 대해 말만 해도 저들이 이유 없이 싸움을 걸어오는 신세가 되었다(시편 119,7 참조).

제12장. 도나투스파에 관한 일화(403년)

1. 하느님의 종 아우구스티누스께서는 요청에 따라 가르치고 훈계하려고 '가톨릭 공동체들'⁴⁴을 자주 방문하셨는데, '키르쿰켈리오네스'는 더러 무장한 채 그분이 우연히 지나가시는 길을 가로막을 때가 있었다. **2.** 한번은 이 자객들이 기회를 놓친 적이 있었으니 사연인즉 다음과 같다. 물론 하느님의 섭리였지만, 길잡이가 실수한 바람에 주교님께서는 수행원들과 함께 다른 길로 목적지에 도착하신 적이 있다. 나중에야 알게 되었던 이 실수로 말미암아 그분은 악인들의 손에서 빠져나올 수 있었던 것이다. 그래서 그분과 함께 모두가 해방자 하느님께 감사드렸다. (그 악인들은) 노상 하던 대로 평신도나 성직자를 가리지 않고 해코지를 하였는데, 이는 공식 문서들이 증언해 주는 바와 같다. **3.** 이와 관련하여, 그 탁월한 어른께서 앞서 말한 재세례파인 도나투스파에 맞서 뜨거운 열정으로 하느님의 집을 위해 교회에서 행하시고 매듭지으신 바에 대해 말하지 않고 지나갈 수 없으니, 이는 하느님께 영광을 돌리기 위함이다. **4.** 그분이 당신 수도원과 당신 사

---

⁴⁴ 가톨릭 '공동체'(plebs)는 오늘날의 본당에 해당한다.

nasterio et clero episcopos ecclesiae propagaverat, ad suam curam pertinentem Calamensis ecclesiae diocesim visitaret et quae didicerat pro pace ecclesiae contra illam haeresim praedicaret, factum est ut medio itinere eorum insidias incurrisset et pervasum cum omnibus illi comitantibus, sublatis illis animalibus et rebus, iniuriis et caede eum gravissima adfecissent. 5. De qua re, ne pacis amplius ecclesiae provectus inpediretur, defensor ecclesiae inter leges non siluit. Et praeceptus est Crispinus, qui iisdem Donatistis in Calamensi civitate et regione episcopus fuit, praedicatus scilicet et multi temporis et doctus, ad multam teneri aurariam publicis legibus contra haereticos constitutam. 6. Qui resultans, legibus praesentatus, cum apud proconsulem se negaret haereticum, oborta est necessitas ut illi, recedente ecclesiae defensore, a catholico episcopo resisteretur et convinceretur eum esse quod se fuisse negaverat; quoniam, si ab eodem dissimularetur, forte catholicus episcopus ab ignorantibus haereticus crederetur, illo se quod erat negante, atque ita ex hac desidia infirmis scandalum nasceretur. 7. Et memorabili Augustino antistite omnimodis instante ad controversiam ambo illi Calamenses episcopi venerunt, et de ipsa diversa communione ter-

---

45 포시디우스 자신을 일컫는다. 403년 칼라마 교구 사목 방문 도중에 도나투스파들에게서 겪은 일과 아우구스티누스의 활약을 이야기하면서도, 자신의 이름을 드러내지 않는 포시디우스의 겸손이 돋보이는 대목이다. 이 사건에 관해서는 아우구스티누스도 증언하고 있다 (『편지』 105,2,4; 88,7; 『도나투스파 문법학자 크레스코니우스 반박』 3,46,50 참조).

46 400년경부터 황제는 평신도 '교회 변호사'(defensor ecclesiae)를 지명하여 교회의 권익을 보호하게 했다.

제들 가운데서 여러 교회에 주교로 보내신 이들 중 하나⁴⁵가 한번은 자기 관할 아래 있던 칼라마 교구를 방문하던 때였다. 교회의 평화를 위해 그(도나투스) 이단에 맞서 배운 바를 가르치기 위해서였다. 그런데 길을 반쯤이나 갔을까, '키르쿰켈리오네스'가 쳐 놓은 함정에 빠져 들었다. 그들은 그와 그의 수행원들을 공격하여 짐승들과 소유물을 빼앗고 갖은 모욕을 주며 몹시 두들겨 팼다. **5.** 법에 정통한 '교회 변호사'⁴⁶는 교회 안에서 평화가 장애 없이 증진될 수 있도록, 이 일을 그냥 지나치지 않았다.⁴⁷ 칼라마 시와 그 지역의 도나투스파 주교였던 크리스피누스는 널리 알려진 인물로서 연로하고 박식한 사람이었는데, 민법상 이단자에게 책정된 벌금을 물게 되었다.⁴⁸ **6.** 그러나 그는 이에 항고하여 지방 총독 앞에서 자신이 이단이라는 사실을 부인하였다.⁴⁹ 교회 변호사가 이 일에서 손을 떼었기에, 가톨릭 주교가 항고심에 나서서 크리스피누스는 스스로 아니라고 주장하는 바로 그런 (이단) 인물임을 정확하게 입증해야 했다. 사실 크리스피누스가 본색을 가장할 수 있었다면, 모르는 사람들은 심지어 가톨릭 주교가 이단이라고 생각할 수도 있었을 것이다.⁵⁰ 그렇게 되었더라면 (가톨릭 주교의) 무능으로 말미암아 약한 이들에게는 걸림돌이 될 수도 있었을 것이다. **7.** 그런데 길이 기억에 남으실 아우구스티누스께서 여러 차례 재촉하신 덕에 칼라마의 두 주교는 논쟁을 벌였고, 각자의 공동체가 어떻게 다른지 세

---

47 칼라마의 가톨릭 교회는 이 변호사의 도움을 받아 법에 호소한 듯하다.
48 392년에 테오도시우스 황제가 내린 결정을 일컫는다. 이 규정에 따르면, 이단 주교나 사제를 서품하는 경우에는 금 열 냥의 벌금을 물어야 했다(아우구스티누스 『편지』 185,7,25).
49 칼라마는 누미디아 지방에 속해 있었으므로, 누미디아 지방 총독에게 항고한 것이다.
50 칼라마 교구에 두 명의 주교가 있었으니, 크리스피누스가 스스로 이단이 아니라고 그럴 듯하게 설득한다면, 사람들은 포시디우스가 이단이라고 생각할 수도 있었다는 말이다.

tio conflictum secum egerunt, magna populorum Christianorum multitudine causae exitum et apud Carthaginem et per totam Africam exspectante, atque ille est Crispinus proconsulari et libellari sententia pronuntiatus haereticus. **8.** Pro quo ille apud cognitorem catholicus episcopus intercessit, ne auraria multa exigeretur, et ei est beneficium inpetratum; unde cum ingratus ad piissimum principem provocasset, et ab imperatore relationi debitum est responsum solutum, et consequenter praeceptum nullo prorsus loco haereticos Donatistas esse debere et eos ad vim legum omnium contra haereticos latarum ubique teneri debere. **9.** Ex quo et iudex et officium et idem Crispinus, quod minime fuerit exactus, praecepti sunt denas auri libras fisci viribus inferre. Sed protinus opera data est per catholicos episcopos, praecipue per sanctae memoriae Augustinum, ut illa omnium condemnatio principis dimitteretur indulgentia, et Domino adiuvante perfectum est. Qua diligentia et sancto studio multum crevit ecclesia.

13

1. Et de his omnibus pro pace ecclesiae gestis Augustino Dominus et hic palmam dedit et apud se iustitiae coronam servavit; ac magis magisque, iuvante Christo, de die in die maugebatur et multiplica-

---

51 포시디우스가 호노리우스 황제에게 청원한 내용뿐 아니라, 크리스피누스가 황제에게 상소하여 거절당한 내용을 아우구스티누스가 전하고 있다(『도나투스파 문법학자 크레스코니우스 반박』 3,47,51; 『편지』 105,2,3).

번에 걸쳐 서로 논박하였다. 카르타고와 온 아프리카의 많은 그리스도인은 이 논쟁이 어떻게 끝날지 지대한 관심으로 지켜보고 있었다. 지방 총독은 크리스피누스를 이단으로 선고하여 기록에 남겼다. **8.** 가톨릭 주교는 그가 벌금을 물지 않도록 그를 위해 중재에 나섰고, 이 호의가 받아들여졌다. 그러나 배은망덕한 이 인물은 경건한 황제에게 상소하였다. 그리하여 이 요청에, 애초부터 그에게 합당했던 대답이 주어지게 되었다.[51] 곧, 이제 그 어떤 장소에도 도나투스파 이단자들은 발붙이지 못하며, 이단자들을 거슬러 선포된 모든 법 조항이 이들에 대해서 어디서든 효력을 지닌다는 규정이 나오게 된 것이다.[52] **9.** 이리하여 판사와 법정, 그리고 크리스피누스 자신까지 전부 각각 열 냥의 벌금형에 처해졌으니, 이는 (이전에 크리스피누스에게 주어진) 벌금형이 실행되지 않았기 때문이다. 그러나 특히 거룩한 기억으로 남아 계신 아우구스티누스를 포함하여 가톨릭 주교들은 즉시, 이 벌이 (황제의) 관면으로 모두에게 취하되도록 손을 썼다. 결국 주님의 도우심으로 이 일이 성사될 수 있었다. 이러한 노고와 거룩한 열정 덕분에 교회는 크게 성장하였다.

제13장. 도나투스파 분열의 끝(카르타고 교회회의, 411년)

1. 아우구스티누스께서 교회의 평화를 수호하기 위해 행하신 모든 일에 대하여 주님께서는 이승에서 그분께 종려가지를 주셨고 의로움의 화관을 마련하셨다(2티모 4,8 참조). 이렇게 그리스도의 도우심으로 평화의 일치와 하

---

[52] 392년에 테오도시우스 황제가 반포한 벌금 규정은 그의 후계자 호노리우스 황제에 의해서 더욱 강화되었다. 그러나 도나투스파를 거슬러 본격적인 법이 선포된 때는 405년이었고, 411년 카르타고 교회회의에서 도나투스파는 회복 불가능한 치명상을 입었다.

batur pacis unitas et ecclesiae Dei fraternitas. **2.** Et id maxime factum est post conlationem quae ab universis episcopis catholicis apud Carthaginem cum iisdem Donatistarum episcopis postmodum facta est, id iubente gloriosissimo et religiosissimo imperatore Honorio, propter quod perficiendum etiam a suo latere tribunum et notarium Marcellinum ad Africam iudicem miserat. **3.** In qua controversia illi omnimodis confutati atque de errore a catholicis convicti sententia cognitoris notati sunt, et post eorum appellationem piissimi regis responso inusti inter haereticos condemnati sunt. **4.** Ex qua ratione solito amplius eorum episcopi cum suis clericis et plebibus communicaverunt, et pacem tenentes catholicam multas eorum persecutiones usque ad membrorum amputationem et internecionem pertulerunt. **5.** Et totum illud bonum, ut dixi, per sanctum illum hominem, consentientibus nostris coepiscopis et pariter satagentibus, et coeptum et perfectum est.

---

53 "주님을 믿는 남녀 신자들의 무리가 더욱더 늘어났다"(사도 5,14)는 표현을 떠올리게 하는 대목이다.

54 북아프리카 가톨릭 주교들과 도나투스파 주교들은 호노리우스 황제가 파견한 공증관 마르켈리누스가 참석한 가운데, 411년 6월 1일부터 8일까지 카르타고에서 대규모 교회회의를 열었다. 도나투스파 대표 일곱과 가톨릭 측 대표 일곱(아우구스티누스, 아우렐리우스, 알리피우스, 포시디우스 등)이 여드레 동안 논쟁을 벌였다. 아우구스티누스가 맹활약한 덕분에 마침내 411년 6월 8일, 황제의 공증관 마르켈리누스는 가톨릭 교회의 승리를 선포했고, 이때부터 도나투스 교회는 급속도로 쇠퇴했다. 토의와 논쟁 내용은 『카르타고 회의록』(*Gesta conlationis Carthaginiensis*) (S. Lancel, SC 194-195)에 고스란히 남아 전해지고 있다. 이 회의록이 너무 길어서, 아우구스티누스는 『도나투스파 반박 토론 초록』(*Breviculus conlationis cum Donatistis*)이라는 요약집을 따로 저술했다. 아우구스티누스의 『도나투스파 주교 에메리투스에게 보낸 토론 후기』(*Ad Emeritum episcopum Donatistarum post conlationem*)[소실]와 『도나투스파 주교 에메리투스와의 논쟁』(*Gesta cum Emerito Donatistarum episcopo*), 『편지』(141; 173; 185) 등에도 카르타고 교회회의(411년)에 관한 기록들이 남아 있다.

느님 교회의 형제애가 날로 자라고 번성해 갔다.[53] **2.** 특히, 영광스럽고도 신심 깊은 황제 호노리우스의 명으로 카르타고에서 모든 가톨릭 주교들이 도나투스파 주교들과 함께 토론회를 연 후에는 더욱 그러했다.[54] 호노리우스 황제는 이 목적으로 자기 궁정의 호민관이자 공증관인 마르켈리누스[55]를 판사 자격으로 아프리카에 보냈다.[56] **3.** 이 논쟁에서 가톨릭 주교들에게 완전히 논박당하고 오류가 입증된 도나투스파에게 판사의 선고가 내려졌다.[57] 도나투스파는 이에 항소하였으나 경건한 황제의 대답은 이들을 이단자로 단죄한다는 것이었다. **4.** 이로써 여느 때보다 더 많은 도나투스파 주교들이 자신들의 성직자와 신도들과 함께 가톨릭 교회와 일치하게 되었다.[58] 그런데 이들은 가톨릭 신자들과 평화를 맺었다고 하여 (도나투스파로부터) 수많은 박해를 받았으니, 심지어 신체를 절단당하고 살해당하기까지 하였다.[59] **5.** 이미 말한 바와 같이 이 모든 좋은 일은, 거룩하신 그 어른(아우구스티누스)을 통하여 우리 동료 주교들의 동의와 협력으로 시작되고 완성되었다.

---

55 플라비우스 마르켈리누스(Flavius Marcellinus)는 카르타고 교회회의(411년)로 알려지기 시작한 인물이다. 그는 이 회의가 끝난 뒤에도 계속 아프리카에 남아 아우구스티누스의 친구가 되었다. 아우구스티누스는 마르켈리누스의 독려로 대작 『신국론』(*De civitate Dei*)을 저술하여 마르켈리누스에게 헌정하였다.

56 호노리우스 황제는 마르켈리누스에게 칙령을 보내 북아프리카의 가톨릭 교회와 도나투스 교회 주교들이 참석하는 전체 교회회의를 소집하고 주재하라고 명하였다(410년 10월 14일). 호노리우스 황제가 보낸 편지는 교회회의 첫머리에 낭독되었다(『카르타고 회의록』 1,4).

57 아우구스티누스 『도나투스파 반박 토론 초록』 3,25,43 참조.

58 도나투스파가 가톨릭 교회에 돌아오게 되었다는 뜻이다(『편지』 185,7,30; 『도나투스파 주교 에메리투스와의 논쟁』 2).

59 아우구스티누스도 도나투스파가 저지른 만행에 관해서 전하고 있는데, 그들은 카르타고 교회회의(411년)가 끝난 후 가톨릭 성직자들의 손과 혀를 자르기도 하고, 더러는 죽이기까지 했다(『편지』 185,7,30).

14

1. Porro autem, quoniam post illam quae cum Donatistis facta est conlationem non defuerunt qui dicerent permissos non fuisse eosdem episcopos apud potestatem, quae causam audivit, dicere omnia pro suis partibus, quoniam catholicae communionis cognitor suae favebat ecclesiae 2. − licet hoc deficientes et victi ad excusationem iactarent, quandoquidem et ante controversiam iidem haeretici catholicae communionis eumdem esse noverant, et dum ab eodem convenirentur publicis gestis quod ad conlationem occurrerent, et se facturos prosecuti sunt, poterant utique, suspectum eum habentes, recusare congressum −; 3. tamen omnipotentis Dei praestitit auxilium, ut postea in Caesariensi Mauritaniae civitate constitutus venerabilis memoriae Augustinus, quo eum venire cum aliis eius coepiscopis sedis apostolicae litterae compulerunt, ob terminandas videlicet alias ecclesiae necessitates; 4. hac ergo occasione provenit, ut Emeritum eiusdem loci Donatistarum episcopum, quem suae sectae praecipuum in illa conlatione habuerunt defensorem, videret, et cum eodem publice in ecclesia populo adstante diversae communionis ex hoc ipso disputaret, et provocaret gestis ecclesiasticis, ut quod forte, sicut dicebant, prosequi potuit in conlatione et

---

60 가톨릭 신자였던 마르켈리누스는 교회회의를 소집하는 편지를 보내면서, 심판의 형평성에 대한 의혹에서 자유롭기 위하여 자신과 함께 판결할 또 한 사람의 판사를 지명토록 도나투스파에게 제안하였다. 그러나 도나투스파는 그 제안을 받아들이지 않은 채 회의에 참석하였고, 두고두고 불공정 회의라고 트집을 잡았다(『카르타고 회의록』 1,14,148).

제14장. 도나투스파의 마지막 반발

1. 한편, 도나투스파와 벌인 토론회 이후, 회의를 주재하는 공권력 앞에서 자기편(도나투스파)을 위하여 모든 것을 다 진술할 수 있는 자유가 주어지지 않았노라고 그들의 주교에게 가서 말한 이들이 더러 있었다. 판사가 가톨릭 신자였던 만큼 자기 교회를 편들었다는 것이었다. **2.** 그러나 이것은 패배(를 인정하지 않으려는) 구실과도 같은 것이었다. 왜냐하면 이단자들은 이미 토론회 전에도 판사가 가톨릭 교회에 속하는 사람임을 알고 있었기 때문이다. 판사가 토론회에 참석하라고 공식 문서를 통해 소환했을 때 그들은 이를 수락하노라 천명했는데, 의심이 있었다면 거부할 수도 있었던 것이다.[60] **3.** 어쨌든 전능하신 하느님께서 도우셔서, 존경스러운 기억으로 남아 계시는 아우구스티누스께서는 그 얼마 후, 사도좌의 서한이 명하는 바에 따라 교회에 필요한 다른 일들을 마무리하시기 위하여 다른 동료 주교들과 함께 마우리타니아 지방에 있는 카이사리아 시에 가신 적이 있다.[61] **4.** 이 기회에 그분은 그 지역의 도나투스파 주교 에메리투스를 만났는데, 이 사람은 토론회에서 그들 집단을 변호하던 주요 인물이었다.[62] 그분은 서로 다른 공동체(가톨릭과 도나투스파)의 대중이 참석한 가운데 교회에서 이 사람(에메리투스)과 함께 같은 주제로 공적으로 토론을 벌이셨다. 도나투스파가 주장하는 대로 이전의 토론회에서 에메리투스가 허락만 받았던

---

[61] 아우구스티누스는 조시무스 교황의 요청으로 418년에 카이사리아에 갔다. 이 여행에는 여러 주교들이 동행했는데, 그 가운데 알리피우스와 포시디우스도 있었다. 그들은 도나투스파 주교 에메리투스와의 논쟁에도 함께했다(『도나투스파 주교 에메리투스와의 논쟁』1).

[62] 도나투스파 에메리투스는 마우리타니아 지방 카이사리아의 주교였다. 수사학적 재능이 뛰어났던 그는 카르타고 교회회의(411년)에서 아우구스티누스의 맞수로 단연 돋보이는 인물이었다. 에메리투스가 카이사리아에서 아우구스티누스와 다시 만난 것은 418년 9월 18일과 20일이었다.

permissus non erat, in praesenti sine alicuius potestatis prohibitione aut inpotentia securus dicere minime dubitaret, et in sua civitate suis omnibus praesentibus civibus fiducialiter propriam defendere communionem non denegasset. **5.** Ille neque hac hortatione nec suorum parentum et civium instanti petitione id facere voluit, qui ei pollicebantur se ad eius redituros communionem, etiam cum discrimine patrimoniorum salutisque suae temporalis, si modo catholicam superaret adsertionem. **6.** At ille amplius dicere illis gestis nihil voluit nec valuit, nisi tantum: «Iam illa gesta continent, apud Carthaginem inter episcopos confecta, utrum vicerimus an victi fuerimus». **7.** Et alio loco, dum a notario ut responderet admoneretur, ait; et cum reticeret, facta eius cunctis manifestata diffidentia, ecclesiae Dei augmenta ac firmamenta provenerunt. **8.** Quisquis ergo diligentiam et operam beatissimae memoriae Augustini pro ecclesiae Dei statu cognoscere plenius voluerit, etiam illa percurrat gesta, et inveniet quae vel qualia protulerit, quibus illum doctum, eloquentem et praedicatum hominem provocaverit hortatusque fuerit, ut pro suae defensione partis quod vellet ediceret, illumque victum cognoscet.

들 충분히 논박할 수 있었노라고 주장하는 바를, 공권력의 어떤 제재나 압력도 없는 지금 서슴없이 이야기하도록, 교회 공식 문서로써 그를 불러내신 것이다. 자기 도시에서 자기편 사람들이 모두 지켜보는 가운데 자신 있게 자기 집단을 변호하기를 거부하지 말라는 것이었다. **5.** 그러나 (아우구스티누스 편의) 이러한 권유나 그렇게 하기를 원하는 자기 친척과 시민들의 집요한 요청에도 불구하고 에메리투스는 이를 받아들이려 하지 않았다. 그런데도 그들(도나투스파)은 이런 에메리투스에게, 토론회에서 가톨릭의 주장을 이겨 낼 수만 있다면, 자기들의 재산과 육체적 안녕이 위험에 처할지언정, 다시 그의 수하로 되돌아오겠노라고 약속하였다.63 **6.** 그러나 에메리투스는 이전 토론 기록에 적힌 바 이상을 말하기를 원하지도 않았거니와 그럴 능력도 없었다. 단지 "카르타고에서 주교들이 열었던 회의 기록에 우리가 이겼는지 졌는지 나와 있다"는 말이 고작이었다. **7.** 또 한번은 서기가 대답을 재촉하자 한마디만 했을 뿐 곧 침묵을 지켰다. 그리하여 그가 자신 없어 하는 것이 모든 이에게 뚜렷해졌고, 이로써 하느님의 교회가 자라고 굳건해졌다. **8.** 따라서 누구든지 복되신 기억으로 남아 계신 아우구스티누스께서 하느님의 교회를 튼튼히 하기 위해 얼마나 노심초사 부지런히 일하셨는지 더 깊이 알고 싶거든, 그 기록들을 살펴볼 일이다. 거기서 그분이 어떻게 그 박식하고 말솜씨 좋고 이름난 사람(에메리투스)을 불러내어 자기편(도나투스파)을 변호하여 하고 싶었던 말을 다 하도록 권유하셨고 어떻게 이기셨는지 알게 될 것이다.

---

63 카르타고 교회회의(411년)가 끝난 후, 로마 정치는 도나투스파를 엄하게 몰아붙였다. 도나투스 교회를 공식 해체하고, 교회 재산을 몰수했을 뿐 아니라, 반항하는 자들은 유배형에 처했다(『테오도시우스 법령』*Codex Theodosianus* 16,5,52.54; 16,6,6). 그런 상황이었으니, 다시 도나투스 교회로 돌아가기 위해서는 육체적으로나 경제적으로나 엄청난 손실을 감수해야만 했다.

15

1. Scio item non solus ipse, verum etiam alii fratres et conservi, qui nobiscum tunc intra Hipponiensem ecclesiam cum eodem sancto viro vivebant, nobis pariter ad mensam constitutis eum dixisse: 2. «Advertistis hodie in ecclesia meum sermonem eiusque initium et finem contra meam consuetudinem processisse, quoniam non eam rem terminatam explicuerim quam proposueram, sed pendentem reliquerim». 3. Cui respondimus: «Ita nos in tempore miratos fuisse scimus et recognoscimus». At ille: «Credo», ait, «forte aliquem errantem in populo Dominus per nostram oblivionem et errorem doceri et curari voluerit, in cuius manu sunt et nos et sermones nostri. 4. Nam cum propositae quaestionis latera pertractarem, in aliud sermonis excursu perrexi, atque ita non conclusa vel explicata quaestione disputationem terminavi, magis adversus Manichaeorum errorem, unde nihil dicere decreveram, disputans quam de his quae adserere proposueram». 5. Et post haec, nisi fallor, ecce alia die vel post biduum venit quidam Firmus nomine negotiator, et intra monasterium sedenti sancto Augustino nobis coram ad pedes genibus provolutus sese iactavit, lacrimas fundens et rogans ut pro suis delictis sacerdos cum sanctis Dominum precaretur, confitens quod Manichaeorum sectam secutus fuisset et in ea quamplurimis

---

64 아프리카와 팔레스티나 등지를 오가며 아우구스티누스의 우편집배원 노릇을 하던 '형제요 동료 사제'(frater et compresbyter) 피르무스와 동일 인물로 보인다(「편지」81,1; 82,1,1; 172,2; 184; 191,1; 194,1,1; 200,1). 그는 히포 수도원의 수도승이었다가 나중에 히에로니무

제15장. 마니교도를 회심시킨 아우구스티누스

1. 나뿐 아니라 우리와 함께 저 거룩하신 어른을 모시고 히포 교회에서 (하느님의) 종으로 살던 다른 형제들도 기억하고 있는 일이 하나 있다. 어느 날 우리와 함께 식탁에 앉아 있을 때 이렇게 말씀하셨다. **2.** "오늘 교회에서 했던 제 설교가 처음부터 끝까지 제가 평소에 하던 바와 달리 진행되었던 것을 알아챘습니까? 처음 제시했던 주제를 끝까지 설명하지 아니하고 중간에 그쳤지요." **3.** 우리는 이렇게 대답했다. "사실 그 순간 우리가 놀랐던 것이 기억납니다." 그분은 다시 이렇게 말씀하셨다. "아마 하느님께서 제가 주제를 (잠시) 잊고 다른 말로 넘어간 것을 통해서 당신 백성 가운데 길 잃고 헤매는 누군가를 가르치고 낫게 하려 하시지 않았나 생각합니다. 우리는 그분의 손안에 있고 우리의 말 역시 그분의 손안에 있는 법이지요. **4.** 사실 제가 애초에 꺼냈던 주제의 몇몇 부분을 설명하고 있는 동안 저는 주제를 놓치고 그만 다른 주제로 넘어가 설명하고 있었습니다. 그래서 (애초의) 주제를 결론짓거나 설명하지 못한 채, 오히려 전혀 그럴 생각이 없었는데도 마니교도의 오류를 거슬러 논쟁조로 이야기함으로써 설교를 끝내고 말았던 것이지요." **5.** 이 일이 있은 뒤, 내 기억이 틀리지 않다면 아마 바로 그다음 날이나 이틀 뒤, 피르무스[64]라 하는 장사치가 왔다. 거룩하신 아우구스티누스께서는 수도원에 앉아 계셨는데, 피르무스는 우리가 보는 앞에서 그분 발치에 머리를 숙이고서 쓰러지며 큰 소리로 울면서 청하기를, 주교님께서 성인들과 함께 자신이 지은 죄(의 용서)를 위해 주님께 기도해 주십사 하는 것이었다. 그러면서 고백하기를, 그는 마니교를 추종하

스의 친구가 되었고, 404~416년경에 팔레스티나에서 억지로 사제품을 받았다. 그 후로도 몇 차례 아프리카와 팔레스티나를 오갔으나, 418년 이후로는 더 이상 그의 생애에 관한 정보가 전해지지 않는다.

annis vixisset, et propterea pecuniam multam ipsis Manichaeis vel eis quos dicunt electos incassum erogasset, ac se in ecclesia Dei misericordia fuisse eius tractatibus nuper correctum atque catholicum factum. **6.** Quod et ipse venerabilis Augustinus et nos qui tunc aderamus ab eodem diligenter inquirentes, ex qua re potissimum illo tractatu sibi fuerit satisfactum, et referente nobisque omnibus sermonis seriem recognoscentibus, profundum consilium Dei pro salute animarum admirantes et stupentes, glorificavimus sanctum eius nomen et benediximus, qui cum voluerit et unde voluerit et quomodo voluerit, et per scientes et per nescientes, salutem operatur animarum. **7.** Et ex eo ille homo proposito servorum Dei adhaerens negotiatoris dimisit actionem, et proficiens in ecclesiae membris, in alia regione ad presbyterii quoque Dei voluntate petitus et coactus adcessit officium, tenens atque custodiens propositi sanctitatem; et forte adhuc usque in rebus humanis vivat trans mare constitutus.

16

1. Apud Carthaginem quoque, dum per quemdam domus regiae procuratorem, nomine Ursum, fidei catholicae hominem, ad quosdam Manichaeorum, quos electos vel electas dicunt, praesentes perveniretur, atque ad ecclesiam ab eodem deducerentur et per-

---

65 마니교는 '뽑힌 이'(electi)라고 불리는 성직자 계층과 '청중'(auditores)이라고 이름 붙은 평신도 계층으로 이루어져 있었다. '뽑힌 이'들은 금욕적인 결혼생활과 금육을 지키고, 천한

여 여러 해 동안 살았다고 했다. 그뿐 아니라, 많은 돈을 마니교도에게, 특히 이른바 '뽑힌 이'라는 이들에게 하릴없이 쏟아 부었다고 했다.[65] 그러다가 최근에 하느님의 자비로 교회에 들어와 그분의 설교 말씀을 듣고 (어리석음을) 고쳐 가톨릭 신자가 되었다는 것이었다. **6.** 그러자 공경하올 아우구스티누스 주교님도 몸소 그러셨거니와 거기 있던 우리도 구체적으로 그 설교의 어느 부분이 만족스러웠냐고 물었다. 이 사람이 대답하는 동안 우리는 모두 설교의 줄거리를 기억에 떠올리면서, 영혼의 구원을 위한 하느님의 신비스런 계획에 놀라며 감탄하였다. 그리고 원하실 때 원하시는 곳에서 원하시는 방법으로 누군가를 시켜서 의식적으로든 무의식적으로든 일하게 하시는 분의 거룩한 이름에 영광을 드리며 그분을 찬양하였다. **7.** 그날 이후 이 사람은 장사를 그만두고 하느님의 종들이 사는 생활 방식을 취하여 살기 시작하였다. 이후 그는 교회 구성원으로 정진하며 살다가 하느님의 뜻으로 다른 지역의 요청에 따라 억지로 사제가 되었으나, (수도승으로서) 거룩하게 살려는 마음을 항구하게 지켜 나갔다. 바다 건너 지방[66]에 정착한 그는 아마 아직도 살아 있을지 모른다.

제16장. 마니교도와의 논쟁

1. 그 후 카르타고에서는 가톨릭 신자로서 우르수스라는 황실 연락관이 이른바 '뽑힌 남녀'라 불리던 몇몇 마니교도를 체포하여 몸소 교회로 데리고

육체 노동으로부터 육신을 거룩하게 보존한다는 사실을 내세움으로써, 그렇게 하지 못하는 평신도들의 존경을 받았다. 한편, 평신도들은 성직자들의 생계까지 챙겨야 했으니, 피르무스도 뽑힌 이들을 먹여 살리느라 엄청난 돈을 쏟아 부어야 했다는 말이다.

66 북아프리카에서는 통상 유럽 대륙을 가리키지만, 팔레스티나 지방을 지칭하기도 한다.

ducerentur, ab episcopis ad tabulas auditi sunt. **2.** Inter quos etiam sanctae memoriae Augustinus fuit, qui prae ceteris illam exsecrabilem sectam noverat, et eorum prodens eiusmodi damnabiles blasphemias ex locis librorum, quos illi adcipiunt Manichaei, usque ad confessionem earumdem blasphemiarum eos perduxit; et quae inter se illi suo more malo indigna et turpia facere consueverunt, feminarum illarum velut electarum proditione illis ecclesiasticis gestis declaratum est. **3.** Atque ita pastorum diligentia dominico gregi et augmentum adcessit et adversus fures atque latrones defensio competens procurata est. **4.** Cum quodam etiam Felice, de numero eorum quos electos dicunt Manichaei, publice in Hipponiensi ecclesia notariis excipientibus disputavit populo adstante; et post secundam vel tertiam conlationem ille Manichaeus, frustrata vanitate et errore ipsius sectae, ad nostram conversus est fidem atque ecclesiam, sicut eadem relecta docere poterit scriptura.

---

67 마니교의 이원론은 하느님을 모독할 수밖에 없는 교리 체계다[아우구스티누스 『(쿠오드불트데우스에게 보낸) 이단론』*De haeresibus (ad Quodvultdeum)* 46,2-9].

68 417년에서 421년 사이에 카르타고 교회에서 일어난 일을 일컫는 것 같다. 아우구스티누스의 증언에 따르면, 자신이 카르타고에 머물러 있는 동안, 황실 연락관 우르수스가 카르타고 교회에서 마니교의 몇몇 '뽑힌 이들'을 심문하였다. 그들 가운데 '마니교 수도자'(Manichaea quasi sanctimonialis)라고 불리며 '뽑힌 이' 계층에 속해 있던 젊은 여인 마르가리타가 파렴치한 성 관계를 맺었다는 자백을 받아 냈다. 비슷한 신분의 에우세비아도 그랬노라고 실토했다[아우구스티누스 『(쿠오드불트데우스에게 보낸) 이단론』 46,9]. 그러나 포시디우스가 말하는 '공식 기록'(Gesta)은 소실되어 전해지지 않는다.

와, 주교들이 속기사들 앞에서 그들을 심문한 일이 있었다. **2.** 주교들 가운데 거룩한 기억으로 남아 계신 아우구스티누스도 계셨는데, 그분은 저 혐오스런 이단을 누구보다 더 잘 알고 계셨다. 그래서 마니교도가 사용하는 경전 군데군데를 인용하여 단죄받아 마땅할 그들의 독성瀆聖을 부각시키면서, 그들이 자신의 독성죄를 고백하도록 이끄셨다.[67] 고약한 풍습에 따라 그들이 통상 범하던 부끄럽고도 추잡스런 일들도 이른바 뽑힌 여자들의 실토로 교회 공식 기록에 잘 드러나 있다.[68] **3.** 이리하여 목자들의 열성은 주님 양 떼의 수가 늘어나도록 하였고 또 그들을 도둑과 강도들에게서 적절히 잘 보호하였던 것이다. **4.** 마니교도가 '뽑힌 이'라 부르던 무리 가운데 펠릭스라는 이가 있었는데, 아우구스티누스께서는 이 위인과도 히포의 교회에서 백성이 지켜보는 가운데 공개 논쟁을 벌였고, 서기들이 이들의 말과 백성의 말을 받아 적었다.[69] 두 번째나 세 번째 토론[70]이 끝났을 때 자기 무리의 오류와 허구가 논박된 것을 본 이 마니교도는 회개하여 우리 신앙과 우리 교회로 돌아왔다. 이 또한 기록에서 읽을 수 있는 바와 같다.

---

[69] 404년 12월 7일과 12일에 히포에서 아우구스티누스와 마니교도 펠릭스가 벌인 두 차례의 공개 논쟁을 일컫는다. 당시 관습대로 토론은 기록으로 남아 『마니교도 펠릭스 반박』(*Contra Felicem Manichaeum*)이라는 책으로 전해지고 있다.

[70] 포시디우스가 부정확하게 기억하고 있는데, 이 토론은 두 차례의 논쟁으로 완결되었다. 칼라마의 주교였던 포시디우스는 아마 이 논쟁에 참석하지 않은 것 같다.

17

1. Praeterea cum quodam etiam Pascentio comite domus regiae Arriano, qui per auctoritatem suae personae, fisci vehementissimus exactor, fidem catholicam atrociter ac iugiter obpugnabat et quamplurimos sacerdotes Dei simpliciore fide viventes dicacitate et potestate exagitabat et perturbabat, interpositis honoratis et nobilibus viris, apud Carthaginem ab illo provocatus coram contulit. 2. Sed idem haereticus tabulas atque stilum, quod magister noster et ante congressum et in congressu instantissime fieri volebat, ne adessent omnimodo recusavit. Et dum id pernegasset, dicens quod legum metu publicarum periclitari talibus scriptis nollet atque interpositis id placere Augustinus episcopus cum suis qui aderant consacerdotibus videret, ut absque ulla scriptura privatim disputarent, conlationem suscepit, praedicens, ut postmodum contigit, quod post solutum conventum esse cuiquam posset liberum forte dicere, nullo scripturae documento, se dixisse quod forte non dixerit, vel non dixisse quod dixerit. 3. Et miscuit cum eodem sermonem atque adseruit quid crederet, et ab illo quid teneret audivit, et vera ratione atque auctoritate Scripturarum prolata docuit et ostendit nostrae

---

71 아프리카의 아리우스 이단에 관한 정보는 아우구스티누스의 『편지』(238-41)에 들어 있다. 아리우스는 성자의 신성을 부인하고, 성자는 초월적 존재이기는 하되 성부와 본질이 다를 뿐 아니라, 피조물에 지나지 않는다고 주장했다.

72 '영예롭고 고귀한 신분의 사람들'(honorati et nobiles viri)이란 카르타고의 고급 관료를 일컫는다. 그들은 아우구스티누스에게 이 논쟁을 주선하였을 뿐 아니라, 많은 청중을 동원하여 아우구스티누스가 거둘 승리의 증인이 되게 하였다(『편지』 239,1,9).

제17장. 아리우스파 이단과의 논쟁[71]

1. 또한 파스켄티우스라는 이가 있었는데 그는 아리우스파 황제의 궁정 방백方伯으로서 가혹하기 짝이 없는 세금 징수관이었다. 그는 자기 지위의 권력을 이용하여 가톨릭 신앙을 끊임없이 혹독하게 공격하고, 야유와 권력으로써 매우 단순한 하느님의 수많은 사제를 들볶고 불안하게 하였다. 파스켄티우스의 도전을 받은 아우구스티누스는 영예롭고 고귀한 신분의 사람들[72]의 개입으로 카르타고에서 그와 맞붙게 되었다. **2.** 그 이단자는 서판과 철필을 들여오는 것을 철저하게 거부하였다. 반면 우리 스승께서는 토론하기 전에나 토론하는 중에나 (기록할 것을) 단호하게 요구하셨다. 파스켄티우스는 이를 거절하면서, 제국의 법[73]이 두려워 토론이 기록됨으로써 생기는 위험을 무릅쓰고 싶지 않노라고 말하였다. 아우구스티누스 주교께서는 같이 있던 동료들과 함께, 토론 참석자들이 그 어떤 것도 기록하지 않는 비공식 토론을 원한다는 것을 아시고 (이런 방식의) 대면을 받아들이셨다. 그러나 아우구스티누스께서는 쓰인 기록이 없는 만큼 회합이 끝나면 각자가 말한 바 없는 것을 말했다거나, 말한 바를 말하지 않았다고 제멋대로 이야기할 수 있을 것이라고 예견하셨는데 실로 그대로 되었다.[74] **3.** 파스켄티우스와 논쟁에 들어간 다음 그분은 당신이 믿는 바를 말씀하시고 상대방의 주장을 들으셨다. 참된 이성과 성경의 권위로써 우리 신앙의 근간을 가르치며 드러내시고, 또한 파스켄티우스의 주장들이 진실한 논증

---

[73] 로마제국은 381년부터 아리우스파를 본격적으로 처벌하였다(『테오도시우스 법령』 *Codex Theodosianus* 16,5,6.8.11.12).

[74] 파스켄티우스가 논쟁에서 승리했다며 떠들고 다니는 사람들이 실제로 있었다는 것을 아우구스티누스도 밝히고 있다(『편지』 238,1,7; 4,26).

fidei firmamenta, ilius autem adserta nulla veritate, nulla Scripturarum sanctarum auctoritate subfulta docuit et frustravit. **4.** Et ut a se invicem partes digressae sunt, ille magis magisque iratus et furens mendacia multa pro sua falsa fide iactabat, victum esse a seipso proclamans multorum ore laudatum Augustinum. **5.** Quae cum minime laterent, coactus est ad ipsum scribere Pascentium, propter illius metum omissis nominibus conferentium, et in iis litteris quicquid inter partes dictum vel gestum fuerat fideliter intimavit, ad ea, si negarentur, probanda magnam testium habens copiam, clarissimos scilicet atque honorabiles qui tunc aderant viros. **6.** Atque ille ad duo sibi directa scripta unum vix reddidit rescriptum, in quo magis iniuriam facere quam suae sectae rationem valuit declarare; quod volentibus et valentibus legere comprobatur. **7.** Cum ipsorum quoque Arrianorum episcopo quodam Maximino, cum Gothis ad Africam veniente, apud Hipponem, quampluribus volentibus petentibus, et praeclaris interpositis viris, contulit, et quid singulae adseruerint partes scriptum est. **8.** Quae si studiosi diligenter legere curaverint, procul dubio indagabunt, vel quid callida et inrationabilis

---

75 『편지』 238,4,26 참조.

으로나 성경의 권위로나 전혀 근거가 없음을 드러내심으로써 그것들을 논파論破하셨다. **4.** (논쟁의) 두 당사자가 헤어진 후, 점점 더 분노와 울분에 휩싸인 파스켄티우스는 많은 이들이 칭송하는 아우구스티누스가 자기에게 졌다고 하면서 자기의 거짓된 신앙을 옹호하기 위해 많은 거짓말을 퍼뜨리고 다녔다. **5.** 이 헛소문이 널리 퍼지게 되자 아우구스티누스께서는 어쩔 수 없이, 파스켄티우스의 두려움을 배려하시어 논쟁 당사자들의 이름은 밝히지 않으신 채, 그에게 (논쟁의 기록을) 써 보내시게 되었다.[75] 이 편지에서 그분은 논쟁의 두 당사자가 말하고 행한 모든 것을 충실하게 밝혀 놓으셨다. 누군가 부인한다고 해도 아우구스티누스께서는 수많은 증인들, 곧 그 자리에 함께 있던 지체 높고 고귀한 신분의 사람들을 거느리고 계셨다. **6.** 그에게 보내신 두 통의 편지에 대해 파스켄티우스는 안간힘을 써서 겨우 한 통의 답신만 보내왔다. 여기서 그는 자기 집단의 교설을 논증했다기보다는 (아우구스티누스께) 모욕을 가했을 따름이다. 읽기를 원하고 읽을 줄 아는 이들에게 이 모든 것이 증명된다. **7.** 아우구스티누스께서는 또한 고트족과 함께 아프리카에 온 막시미누스라고 하는 아리우스파 주교와도 히포에서 맞붙으셨다.[76] 많은 이들이 그것을 원하고 청하여 이루어진 일이었는데, 지체 높은 인물들도 이 자리에 함께 있었다. 각자 발언한 내용은 기록되었다. **8.** 관심 있는 이들이 이를 주의 깊게 읽어 본다면, 틀림없이 (기록에서) 그 간교하고 이치에도 맞지 않는 이단이 미혹하고 속

---

[76] 막시미누스는 아리우스파 가운데 유일한 라틴어 저술가이다. 360~365년경에 로마에서 태어났으며, 아리우스파 공동체의 주교가 되었다. 노년에 군종 주교로 아프리카에 건너왔을 때, 아우구스티누스도 일흔셋의 나이였다(427년). 이 기회에 두 노인은 증인과 속기사를 대동하여 히포에서 토론회를 열었는데, 이 토론 기록은 『아리우스파 주교 막시미누스와의 토론』(*Conlatio cum Maximino Arrianorum episcopo*)에 남아 있다. 그러나 논쟁 시간이 부족했던 탓에 서면으로 계속 토론하였다. 이 서면 논쟁 덕분에 아우구스티누스의 『아리우스파 막시미누스 반박』(*Contra Maximinum Arrianum*)이 탄생하였다.

haeresis ad seducendum et decipiendum profiteatur, vel quid ecclesia catholica de divina teneat et praedicet Trinitate. **9.** Sed quoniam ille haereticus, de Hippone rediens ad Carthaginem, de sua multa in conlatione loquacitate victorem se de ipsa conlatione recessisse iactavit, et mentitus est quae utique non facile a divinae legis ignaris examinari et diiudicari possent, a venerabili Augustino sequenti temporis stilo et illius totius conlationis de singulis obiectis et responsis facta est recapitulatio, et quam nihil ille obiectis referre potuerit, nihilominus demonstratum est additis supplementis, quae in tempore conlationis angusto cuncta inferri et scribi minime potuerunt; id enim egerat nequitia hominis, ut sua novissima prosecutione multo longissima totum quod remanserat diei spatium occuparet.

18

1. Adversus Pelagianistas quoque, novos nostrorum temporum haereticos et disputatores callidos, arte magis subtili et noxia scribentes et, ubicumque poterant, publice et per domos loquentes, per annos ferme decem elaboravit, librorum multa condens et edens et in

---

77 펠라기우스는 인간의 본성을 지나치게 낙천적으로 본 나머지, 인간은 하느님의 은총보다는 자신의 선업으로 구원에 이를 수 있다고 주장하였다. 펠라기우스의 열렬한 추종자인 켈레스티우스는 이 이설을 지중해 연안에 널리 퍼뜨렸다. 북아프리카 교회에서 처음으로 펠라기우스 논쟁이 시작된 것은 411년인데, 카르타고 교회회의에서 켈레스티우스가 단죄되었다. 그러나 아우구스티누스는 이 회의에 참석하지 않았고, 단지 『(마르켈리누스에게 보낸) 죄벌과 용서 그리고 유아세례』[*De peccatorum meritis et remissione et de baptismo parvulorum (ad Marcellinum)*]라는 작품으로 이 논쟁에 동참했다. 412년부터는 본격적으로 펠라기우스 논쟁에 뛰어들어 생애의 마지막까지 이 이단에 맞서 싸웠다.

이기 위해 둘러댄 것과, 가톨릭 교회가 거룩한 삼위일체에 대해 간직하고 가르치는 것을 다 함께 확인하게 될 것이다. 9. 그러나 그 이단자는 히포에서 카르타고로 돌아간 후 토론회에서 보여 준 그 장광설長廣舌의 힘으로 논쟁에서 이기고 돌아왔노라 자랑하고 다녔다. 거룩한 종교에 무지한 사람들은 이 모든 것을 쉽게 검토하거나 판별할 수 없기 때문에 후에 공경하올 아우구스티누스께서는 반론과 답변을 하나하나 소개하면서 토론회 전체를 요약하여 기록해 놓으셨다. 이리하여 막시미누스가 (아우구스티누스의) 반론에 전혀 대답하지 못했다는 사실이 드러났다. 여기서는 또한 아우구스티누스께서 토론회 때 시간이 부족하여 말하고 기록하지 못했던 바도 보완하여 덧붙여 놓았다. 사실 그 고약한 작자는 마지막 발언을 터무니없이 장황하게 늘어놓는 바람에 그날의 남은 모든 시간을 몽땅 차지해 버렸던 것이다.

제18장. 펠라기우스 이단과의 논쟁[77]

1. 아우구스티누스께서는 우리 시대의 새로운 이단자들인 펠라기우스파에 맞서서도 대략 10년 동안[78] 수많은 책을 지으시고 펴내셨을뿐더러,[79] 교회에서 백성을 상대로 매우 자주 펠라기우스파 오류에 대해 설교하시면서 수고를 많이 하시었다.[80] ▶ 이들은 아주 교묘하고 해로운 화술로써 글을 쓰고, 공식 석상에서나 개인의 집에서나 할 수 있는 곳이라면 어디

---

[78] 아우구스티누스는 411년에 펠라기우스 논쟁에 뛰어든 이래 세상을 떠날 때까지 이 이단을 붙들고 싸워야 했다. 따라서, '대략 10년 동안'(per annos ferme decem)이 아니라, '20년 가까이' 이 논쟁에 매달렸다(아퀴타니아의 프로스페르 『하느님의 은총과 자유의지』*De gratia Dei et libero arbitrio contra Conlationem* 1,2). 왜 포시디우스는 '대략 10년'이라고 말하는 것일까? 아마도 황제와 교황들의 공식적인 단죄(417~418년)로 말미암아 아우구스티누스가 펠라기우스 논쟁에서 결정적인 승리를 거두었다고 보았기 때문일 것이다(『편지』 202,1-2).

[79] 펠라기우스 이단에 맞선 아우구스티누스의 작품은 오늘날까지 16종이 전해진다.

ecclesia populis ex eodem errore frequentissime disputans. **2.** Et quoniam iidem perversi sedi apostolicae per suam ambitionem eamdem perfidiam persuadere conabantur, instantissime etiam conciliis Africanis sanctorum episcoporum gestum est, ut sancto papae urbis, et prius venerabili Innocentio et postea sancto Zosimo eius successori, persuaderetur quam illa secta a fide catholica et abominanda et damnanda fuisset. **3.** At illi tantae sedis antistites suis diversis temporibus eosdem notantes atque a membris ecclesiae praecidentes, datis litteris et ad Africanas et <ad> occidentis et orientis partis ecclesias, eos anathemandos et devitandos ab omnibus catholicis censuerunt. **4.** Et tale de illis ecclesiae Dei catholicae prolatum iudicium etiam piissimus imperator Honorius audiens ac sequens, suis eos legibus damnatos inter haereticos haberi debere constituit. **5.** Unde nonnulli ex iis ad sanctae matris ecclesiae gremium, unde resiluerant, redierunt et adhuc alii redeunt, innotescente et praevalescente adversus illum detestabilem errorem rectae fidei veritate. **6.** Et erat ille memorabilis vir praecipuum dominici corporis membrum, circa universalis ecclesiae utilitates sollicitus semper ac pervigil. **7.** Et illi divinitus donatum est, ut de suorum laborum fructu etiam in hac vita gaudere provenisset, prius quidem

---

◂80 현존하는 아우구스티누스 설교 중 약 1/4이 펠라기우스를 직·간접적으로 반박하는 내용을 담고 있다.

서든 이야기하는 노련한 논객이었다. **2.** 이 고약한 사람들이 사도좌마저 그들의 사악함으로 기울게 하려고 열심히 작당했으므로, 아프리카의 거룩한 주교회의는 로마의 거룩한 주교(먼저는 공경하올 인노켄티우스, 나중에는 그의 후계자인 거룩한 조시무스)에게 가톨릭 신앙으로부터 이 이단을 물리치고 단죄해야 한다고 절박하게 설득하였다.[81] **3.** 이 중요한 (사도)좌의 주교들은 각자 자기 임기 중에 이단자들을 단죄하며 교회의 지체들로부터 그들을 떼어 내었다. 이들은 아프리카 교회뿐 아니라 서방과 동방의 교회들에도 편지를 보내어 모든 가톨릭 신자는 이들을 단죄하고 멀리해야 한다고 천명하였던 것이다. **4.** 하느님의 가톨릭 교회가 펠라기우스파에게 내린 이 판정을 접하고, 독실한 황제 호노리우스 역시 자기 법으로써 이들을 단죄하고 이단자들로 여겨야 한다고 규정하였다. **5.** 이 때문에 그들 가운데 몇몇은 그들이 떨어져 나갔던 거룩한 어머니 교회의 품으로 돌아왔고, 지금도 돌아오고 있다. 꼴사나운 그 이단을 거슬러 올곧은 신앙의 진리가 널리 알려지고 더 우세해지고 있는 것이다. **6.** 길이 기억에 남으실 아우구스티누스께서는 주님 몸의 탁월한 지체로서 보편 교회의 선익을 위해 늘 노심초사하여 깨어 살피셨다. **7.** 하느님께서는 이미 이승에서도 그 수고의 결실을 누릴 수 있게 해 주셨으니, 무엇보다 먼저

---

[81] 북아프리카의 가톨릭 교회는 밀레비스 교회회의(416년)에서 펠라기우스와 켈레스티우스를 '그리스도 은총의 적'으로 단죄하였다(『편지』 137,17,6). 자신들의 결정에 더 큰 지지를 얻어 내기 위해서 로마 주교의 도움이 필요하다고 느낀 북아프리카의 주교들은 인노켄티우스 교황에게 교회회의의 결정 사항을 써 보냈다(『편지』 176). 얼마 뒤 아우구스티누스, 포시디우스, 아우렐리우스, 알리피우스, 에보디우스는 함께 모여 펠라기우스 이단의 오류에 관하여 더욱 자세하게 적어 인노켄티우스 교황에게 보냈다(『편지』 175-7). 그들은 이 편지에서 교황이 직접 개입하여 펠라기우스 이단을 단죄해 주기를 청했다. 인노켄티우스 교황은 417년에 세 통의 답장을 보내 펠라기우스와 켈레스티우스를 면직시켰다(『편지』 181-3). 417년 3월에 인노켄티우스 교황이 세상을 떠나고, 조시무스가 교황직을 이어받았다. 조시무스는 처음에는 가톨릭 교회의 요청을 받아들이기를 주저했으나, 황실이 분명하게 펠라기우스주의에 반기를 들자 자신도 펠라기우스 이단을 단죄하였다(418년). 해제 18쪽 이하 참조.

in Hipponiensis ecclesiae regione, cui maxime praesidebat, unitate ac pace perfecta, deinde in aliis Africae partibus, sive per seipsum, sive per alios, et quos ipse dederat, sacerdotes, pullulasse et multiplicatam fuisse Domini ecclesiam pervidens, illosque Manichaeos, Donatistas, Pelagianistas et paganos ex magna parte defecisse et ecclesiae Dei sociatos esse congaudens. **8.** Provectibus quoque et studiis favens erat et exsultans bonorum omnium, indisciplinationes pie ac sancte tolerans fratrum, ingemiscensque de iniquitatibus malorum, sive eorum qui intra ecclesiam sive eorum qui extra ecclesiam sunt constituti, dominicis, ut dixi, lucris semper gaudens et damnis maerens. **9.** Tanta autem ab eodem dictata et edita sunt, tantaque in ecclesia disputata, excepta atque emendata, vel adversus diversos haereticos, vel ex canonicis libris exposita ad aedificationem sanctorum ecclesiae filiorum, ut ea omnia vix quisquam studiosorum perlegere et nosse sufficiat. **10.** Verumtamen, ne veritatis verbi avidissimos in aliquo fraudare videamur, statui Deo praestante in huius opusculi finem etiam eorumdem librorum, tractatuum et epistularum indiculum adiungere, quo lecto qui magis Dei veritatem quam temporales amant divitias, sibi quisque quod voluerit ad legendum et cognoscendum eligat, et id ad describen-

---

82 아우구스티누스는 생전에 훗사람들을 위해서 자신의 모든 저술들을 갖춘 히포 교회 도서관을 부지런히 관리하고 보존하라고 거듭 당부하였다(『아우구스티누스의 생애』 31,6). 포시디우스는 아우구스티누스의 이 바람을 충실히 받들어 '목록'(Indiculum, Indiculus, Elenchus)을 작성하였다. 이는 히포 교회 도서관에 보존되어 있던 아우구스티누스의 책과 설

당신이 수장으로 계시던 히포 교회의 지역에서 온전한 일치와 평화가 뿌리내렸고 또 아프리카의 다른 지역에서도 그러했다. 사실 당신의 활동을 통해서나 당신이 몸소 주교로 보내 주신 이들의 활동을 통해서 하느님의 교회가 번성하고 커 나갔던 것을 지켜보셨으며, 마니교도와 도나투스파, 펠라기우스파와 이교도의 세력이 크게 약화되어 수많은 이들이 하느님의 교회로 돌아와 일치하는 것을 기꺼운 마음으로 지켜보셨던 것이다. **8.** 그분은 선량한 모든 이가 진보하고 열심히 수행修行하도록 북돋우시고 이를 기쁨으로 삼으셨다. 그리고 형제들의 기강이 흐트러진 부분에 대해서는 경건하고도 거룩하게 참아 내셨으나, 교회 안팎을 막론하고 악인들의 사악함에 대해서는 깊이 고통을 겪으셨다. 이미 말한 바와 같이 주님의 일에 도움이 되는 일이라면 언제나 기뻐하신 반면 해가 되는 일이라면 언제나 마음 아파하셨다. **9.** 그분이 지으시고 펴내신 책들은 많으며, 여러 이단자들을 논박하거나 교회의 거룩한 자녀들을 가르칠 목적으로 성경을 풀이하여 교회에서 행하신 많은 설교들도 기록되고 수정을 거쳤다. 그래서 학자라 할지라도 이를 다 읽고 익히기란 어려운 일일 터이다. **10.** 그럼에도, 진리의 말씀에 목말라하는 이들을 조금도 실망시키지 않기 위하여 나는 하느님의 도우심으로 그분이 쓰신 책과 설교와 편지들의 '목록'도 이 책 말미에 덧붙이기로 하였다.[82] 이를 읽으면서, 세상 부귀보다 하느님의 진리를 더 좋아하는 이는 어떤 것을 읽고 익힐지 스스로 선택할 수 있

교와 편지의 목록이다(해제 19쪽 참조). 원래 포시디우스는 이 목록을 『아우구스티누스의 생애』 끝에 부록처럼 덧붙였으나, 사본은 따로 떨어져서 전승되었다(PL 46,5-22; A. Wilmart, "Operum S. Augustini elenchus", *Miscellanea Agostiniana* II, Roma 1931, 149ss., 161-208). 더러 빠진 부분도 있고 때로 부정확하기도 하지만, 이 목록은 아우구스티누스 작품의 진정성을 판별하는 데 결정적으로 중요한 문헌이다.

dum vel de bibliotheca Hipponiensis ecclesiae petat, ubi emendatiora exemplaria forte potuerint inveniri, vel unde voluerit inquirat, et inventa describat et habeat, et petenti ad describendum sine invidia etiam ipse tribuat.

19

1. Secundum Apostoli quoque sententiam dicentis: «Audet quisquam vestrum adversus alterum negotium habens iudicari ab iniquis et non apud sanctos? An nescitis quia sancti mundum iudicabunt et in nobis iudicatur mundus? Indigni sunt iudiciorum minimorum? Nescitis quoniam angelos iudicabimus, necdum saecularia? Saecularia igitur iudicia si habueritis inter vos, eos qui contemptibiles sunt in ecclesia, hos conlocate ad iudicandum. Ad reverentiam vobis loquor. Sic non est inter vos quisquam sapiens, qui possit inter fratrem suum diiudicare, sed frater cum fratre diiudicatur, et hoc apud infideles?», **2.** interpellatus ergo a Christianis vel a cuiusque sectae hominibus causas audiebat diligenter ac pie, cuiusdam sententiam ante oculos habens dicentis se malle inter incognitos quam inter amicos causas audire, eo quod de incognitis, pro quo arbitra aequitate iudicaretur, amicum posset adquirere, de ami-

---

83 도서관은 히포 주교좌 수도원에 자리 잡고 있었다. 430년 반달족의 침입 때 히포 시는 불탔지만, 도서관만큼은 살아남은 것 같다(『아우구스티누스의 생애』 28,10).

을 것이다. 그리고 필사하기 위해서는 가장 정확한 수정본이 있는 히포 교회의 도서관[83]에 청할 수도 있고, 다른 어느 곳에서라도 구할 수 있을 것이다. 그것을 얻게 되면 필사해서 보관하고, 청하는 이에게는 아낌없이 빌려 주어 필사하게 할 것이다.

제19장. 주님의 파수꾼 아우구스티누스

1. 아우구스티누스께서는 다음과 같은 사도의 권고를 좇으셨다. "여러분 가운데 누가 다른 사람과 문제가 있을 때, 어찌 성도들에게 가지 않고 이교도들에게 가서 심판을 받으려 한다는 말입니까? 여러분은 성도들이 이 세상을 심판하리라는 것을 모릅니까? 세상이 여러분에게 심판을 받아야 할 터인데, 여러분은 아주 사소한 송사도 처리할 능력이 없다는 말입니까? 우리가 천사들을 심판하리라는 것을 모릅니까? 하물며 일상의 일이야 더 말할 나위가 없지 않습니까? 그런데 이런 일상의 송사가 일어날 경우에도, 여러분은 교회에서 업신여기는 자들을 재판관으로 앉힌다는 말입니까? 나는 여러분을 부끄럽게 하려고 이 말을 합니다. 여러분 가운데에는 형제들 사이에서 시비를 가려 줄 만큼 지혜로운 이가 하나도 없습니까? 그래서 형제가 형제에게, 그것도 불신자들 앞에서 재판을 겁니까?"(1코린 6,1-6). **2.** 따라서 그리스도인이나 온갖 집단 사람들의 청을 받게 되면 그들의 이야기에 주의 깊고도 경건한 자세로 귀 기울이셨다.[84] 친구들보다는 알지 못하는 사람들 사이에서 판결하기를 바란다는 어떤 이의 말씀을 그분은 늘 눈앞에 두고 유념하셨다. 사실 모르는 사람의 경우 그에 대한 공정한 판결로

---

[84] 콘스탄티누스 황제 시대부터 주교들은 자기 교구가 속해 있는 도시의 일상적인 송사를 담당했다(『테오도시우스 법령』16,2,12). 아우구스티누스도 가톨릭 신자, 비신자를 가리지 않고 그들의 억울한 사정을 들어 주고, 가난한 사람들의 짓밟힌 권리를 일으켜 세우고, 정의를 지키느라 날마다 많은 시간을 내놓아야 했다.

cis vero unum esset, contra quem sententia proferretur, perditurus. **3.** Et eas aliquando usque in horam refectionis, aliquando autem tota die ieiunans, semper tamen noscebat et dirimebat, intendens in eis Christianorum momenta animorum, quantum quisque vel in fide bonisque moribus proficeret vel ab his deficeret. **4.** Atque compertis rerum opportunitatibus divinae legis veritatem partes docebat eamque illis inculcabat, et eas quo adipiscerentur aeternam vitam et docebat et admonebat, nihil aliud quaerens ab his quibus ad hoc vacabat, nisi tantum oboedientiam et devotionem Christianam, quae et Deo debetur et hominibus, peccantes coram omnibus arguens, ut ceteri timorem haberent. **5.** Et faciebat hoc tamquam speculator a Domino constitutus domui Israel, praedicans verbum atque instans opportune inportune, arguens, hortans, increpans in omni longanimitate et doctrina, praecipueque operam dabat instruere eos, qui essent idonei et alios docere. **6.** Rogatus quoque a nonnullis in eorum temporalibus causis epistulas ad diversos dabat; sed hanc suam a melioribus rebus occupationem tamquam angariam deputabat, suavem semper habens de his quae Dei sunt vel adlocutionem vel conlocutionem fraternae ac domesticae familiaritatis.

---

[85] 『설교』 339 참조.

[86] 아우구스티누스는 법정에 끌려온 죄인들을 돌보는 일을 주교의 임무 가운데 하나로 여겼다(『편지』 113-6; 152-4).

친구를 얻을 수 있지만, 친구 사이일 경우 판결을 내릴 때 친구를 잃게 되는 법이다. **3.** 어떤 때는 가벼운 식사를 하실 때까지, 또 어떤 때는 하루 종일 굶으시면서 늘 이런 소송들을 검토하며 해결하시었다. 이 일을 하시면서, 어떤 이는 신앙과 훌륭한 처신으로 성장하고 또 어떤 이는 퇴보하는 것을 보는 가운데 그리스도인 영혼의 움직임을 관찰하셨다. **4.** 적당한 기회를 보아 여러 집단들에게 거룩한 법의 진리를 설명하시고 차근차근 일러 주시면서 영원한 생명을 얻는 길을 가르치시고 깨우쳐 주셨다. 이 일에 열심한 이들에게는 하느님과 사람에게 바칠 순종과 그리스도인다운 헌신 외에 아무것도 요구하지 않으셨다. 그러나 죄짓는 사람들은 모두가 보는 앞에서 꾸짖으셨으니 이는 다른 이들에게 두려워 삼가는 마음을 일으키시려는 것이었다. **5.** 이런 일을 하심에 있어 마치 이스라엘의 가문을 위해 주님께서 세우신 파수꾼(참조: 에제 3,17; 33,7)[85]과도 같으셨다. 때가 좋든 나쁘든 말씀을 선포하시고, 온갖 지혜와 가르침으로 꾸짖고 격려하고 타이르셨다(2티모 4,2 참조). 특히 다른 이를 가르칠 만한 사람들을 교육하는 일에 열심이셨다. **6.** 어떤 이들로부터 그들의 세상일에 관한 부탁을 받으시고 여러 사람들에게 편지도 보내셨다.[86] 그러나 이러한 일들은 정작 더 중요한 일로부터 당신을 떼어 놓는 고역으로 여기셨다.[87] 사실 그분 마음에 드는 것은 언제나 하느님의 일에 대해 말씀하시거나 형제적이고 가족적인 분위기에서 대화를 나누시는 것이었다.

---

87 아우구스티누스 스스로도 세상일로 말미암아 겪게 되는 괴로움을 고백하곤 했다(『편지』 139,3).

20

1. Novimus quoque eum a suis carissimis litterarum intercessum apud saeculi potestates postulatum non dedisse, dicentem cuiusdam sapientis servandam esse sententiam, de quo scriptum esset, quod multa suae famae contemplatione amicis non praestitisset, et illud nihilominus suum addens, quoniam plerumque potestas, quae petitur, premit. 2. Cum vero intercedendum esse rogatus videbat, tam id honeste ac temperate agebat, ut non solum onerosus ac molestus non videretur, verum etiam mirabilis exstitisset. Nam dum exorta necessitate suo more apud quemdam Africae vicarium, Macedonium nomine, pro supplici litteris interveniret, atque ille paruisset, hoc modo rescriptum misit: 3. «Miro modo adficior sapientia tua et in illis quae edidisti et in his quae interveniens pro sollicitis mittere non gravaris. 4. Nam et illa tantum habent acuminis, scientiae, sanctitatis, ut nihil supra sit, et haec tantum verecundiae, ut nisi faciam quod mandas, culpam penes me remanere, non in negotio esse diiudicem, domine merito venerabilis et suscipiende pater. 5. Non enim instas, quod plerique homines istius loci faciunt, ut

---

88 이 '현자'(sapiens)가 누구인지 알 수 없다.

89 413~414년경 아우구스티누스는 아프리카 총독 대리인이던 마케도니우스와 편지를 주고받으며, 억울하게 고소당하거나 갇혀 있는 사람들에 관해서 중재한 적이 있었다. 아우구스티누스는 이들을 위해 중재하는 것이 주교의 특권이라고 주장했고, 마케도니우스도 이를 받아들였다(『편지』 152-5).

제20장. 품위 있고 겸손한 처신

1. 또한 그분은 아주 사랑하는 사람들의 부탁으로도 세속 권력자들에게 청탁 편지를 쓰시는 법이 없었음을 우리는 알고 있다. 이 점에 관해 한 현자 賢者의 금언을 지켜야 한다고 즐겨 말씀하신 바 있으니, 이 현자에 대해 적혀 있기를 그는 자신의 좋은 평판을 지키기 위해 친구들의 청을 많이 들어주지 않았다는 것이다.[88] 그리고 덧붙여 말씀하시기를, 대체로 권력자들은 부탁을 들어주고 나면 보상을 요구하기 마련이라는 것이었다. **2.** 그러나 당신이 나서서 중재해야 마땅한 청이라고 판단하시면 일을 너무도 품위 있고 겸손하게 수행하신 나머지 부담스러워하거나 귀찮아하는 모습을 보이지 않아 경탄을 사셨다. 한번은 그럴 필요가 생겨, 탄원을 올린 한 사람을 위해 마케도니우스라는 아프리카의 어느 총독 대리인에게 당신다운 방식으로 청탁 편지를 보내셨다.[89] 총독 대리인은 이를 들어 허락하면서 다음과 같이 답신을 보내왔다. **3.** "주교님께서 펴내신 책[90]을 비롯하여 어려움에 처한 사람을 위해 제게 거리낌없이 보내 주신 서신에 담긴 주교님의 지혜에 깊은 경탄을 느끼는 바입니다. **4.** 참으로 공경받아 마땅하시며 너그러운 아버지(이신 아우구스티누스 님), 사실 주교님께서 펴내신 책이 예리함과 학문 그리고 거룩함에 있어 타의 추종을 불허한다면, 보내 주신 서신은 너무도 겸손하고 깍듯해서 주교님께서 청하시는 바를 들어 드리지 않는다면 잘못은 제게 있는 것이지 사안의 어려움에 달려 있는 것이 아니라는 생각이 들 정도입니다. **5.** 주교님께서는 이곳의 대부분 사람과는 달

---

90 갓 출간된 『신국론』(*De civitate Dei*)의 첫 세 권을 가리킨다. 아우구스티누스는 이 책이 출간되면 마케도니우스에게 선사하기로 약속한 바 있는데, 마케도니우스는 아우구스티누스에게 보낸 편지 마지막 부분에서, 자기는 아직 『신국론』을 받지 못했다는 사실을 상기시킨다(『편지』 152).

quodcumque sollicitus voluerit extorqueas; sed quod tibi a iudice tot curis obstricto petibile visum fuerit, admones, subserviente verecundia, quae maxima difficilium inter bonos efficacia est. Proinde statim commendatis effectum desiderii tribui; nam sperandi viam ante patefeceram».

21

1. Sanctorum concilia sacerdotum per diversas provincias celebrata cum potuit frequentavit, non in eis quae sua sunt, sed quae Iesu Christi quaerens, ut vel fides sanctae ecclesiae catholicae inviolata maneret, vel nonnulli sacerdotes et clerici, sive per fas sive per nefas excommunicati, vel absolverentur vel abicerentur. **2.** In ordinandis vero sacerdotibus et clericis consensum maiorem Christianorum et consuetudinem ecclesiae sequendum arbitrabatur.

22

1. Vestes eius et calciamenta vel lectualia ex moderato et competenti habitu erant, nec nitida nimium nec abiecta plurimum; quia

---

91 아우구스티누스의 『편지』 154에서 그대로 따온 것이다.

92 아우구스티누스는 히포 교구가 속한 누미디아 지방 교회회의뿐 아니라, 카르타고에서 열리던 아프리카 전체 교회회의에도 참석했다. 그러나 동서방 교회의 모든 주교가 참석하는 보편공의회(concilum oecumenicum)는 아우구스티누스가 주교로 일하는 동안 한 번도 열리지 않았다. 에페소 공의회(431년)는 아우구스티누스를 초청했으나, 초청장이 도착했을 때 아우구스티누스는 이미 이 세상 사람이 아니었다.

리, 무슨 수를 써서라도 어려움에 처한 이가 원하는 바를 얻어 내려고 조르지 않으십니다. 오히려 많은 일에 바쁜 판관에게 청해서 적당하다고 여기시는 바를 완곡하게 청원하시니, 선한 사람들 사이에서는 어려운 것을 얻기 위해 이보다 더 효과적인 것이 있을 수가 없습니다. 따라서 저는 주교님께서 제게 부탁하신 사람들이 청하는 바를 즉시 들어 드렸습니다. 그리고 전에 벌써 그들에게 희망의 여지를 전해 준 바 있습니다."[91]

제21장. 예수 그리스도를 위하여

1. 그분은 가능한 대로 여러 지방에서 열린 거룩한 주교들의 교회회의에도 참석하셔서 자기 이익이 아니라 예수 그리스도의 이익을 찾으셨다(필리 2,21 참조).[92] 이는 거룩한 가톨릭 교회의 신앙이 해를 입지 않게 하기 위함이었으며, 또한 잘못이 있어 그리되었든 부당하게 그리되었든 파문당한 주교들과 성직자들을 복권시키거나 면직시키기 위함이었다. **2.** 주교들과 성직자들을 서품하는 데 있어서는 신자들 대다수의 동의를 얻으며 교회의 관례를 따라야 한다고 여기셨다.[93]

제22장. 검소하고 균형 잡힌 의복과 식생활

1. 그분의 옷과 신 그리고 잠옷들은 수더분하고도 어울리는 것으로서 지나치게 화려하지도 그렇다고 형편없이 낡은 것도 아니었다.[94] 사람들은 이런

---

93 고대 그리스도교의 주교 선출에서 백성들의 동의는 본질적인 요소였다.

94 아우구스티누스는 일부러 지저분한 옷을 입고 다니는 것을 비판하였다(『주님의 산상 설교』*De sermone Domini in monte* 2,12,41). 그러나 화려한 외투나 털옷을 거부하였고, 부제든 차부제든 누구나 '어울리게'(decenter) 입을 수 있는 그런 옷이면 넉넉하다고 여겼다(『설교』 356,13).

his plerumque vel iactare se insolenter homines solent vel abicere, ex utroque non quae Iesu Christi, sed quae sua sunt iidem quaerentes; at iste, ut dixi, medium tenebat, neque in dexteram neque in sinistram declinans. **2.** Mensa usus est frugali et parca, quae quidem inter olera et legumina etiam carnes aliquando propter hospites vel quosque infirmiores, semper autem vinum habebat, quia noverat et docebat, ut Apostolus dicit, quod omnis creatura Dei bona sit, et nihil abiciendum, quod cum gratiarum actione percipitur; sanctificatur enim per verbum Dei et orationem. **3.** Et, ut idem Augustinus sanctus in suis Confessionum libris posuit, dicens: «Non ego inmunditiam obsonii timeo, sed inmunditiam cupiditatis. Scio Noe omne carnis genus, quod cibo esset usui, manducare permissum; Heliam cibo carnis refectum; Ioannem, mirabili abstinentia praeditum, animalibus, hoc est lucustis, in escam cedentibus, non fuisse pollutum. Et scio Esau lenticulae concupiscentia deceptum, et David propter aquae desiderium a seipso reprehensum, et regem nostrum non de carne sed de pane temptatum. Ideoque et populus in heremo, non quia carnes desideravit, sed quia escae desiderio adversus Dominum murmuravit, meruit inprobari». **4.** De vino autem sumendo Apostoli exstat sententia ad Timotheum scribentis ac

---

[95] 아우구스티누스는 동방 수도 생활의 엄격한 규칙을 이미 알고 있었다(『가톨릭 교회의 관습과 마니교도의 관습』*De moribus ecclesiae catholicae et de moribus Manichaeorum* 1,13,65-33,70). 그러나 아우구스티누스는 그 당시 수행 방식, 특히 동방 수도 생활 양식에서 벗어나, 대담하고 자유분방한 수도 생활을 추구했다. 이는 이원론의 바탕 위에서 물질과 육신을 죄악시하던 마니교 수행 방식에 대한 반발인 것 같다.

것으로 대개 터무니없이 자랑하거나 의기소침하기도 하니, 두 경우가 다 예수 그리스도의 것이 아니라 자기 이익을 추구하는 일이다. 그러나 이미 말한 바 있거니와, 그분은 왼쪽으로도 오른쪽으로도 치우치지 않으시고 중용을 길로 삼으셨다. **2.** 야채류를 주로 하여 검소하고 절제 있는 식사를 하셨으나, 가끔씩 손님이나 건강이 허약한 형제들을 배려하시어 고기도 드셨고, 포도주는 늘 드셨다.[95] 왜냐하면, 사도께서 말씀하신 대로, "하느님께서 창조하신 것은 다 좋은 것으로, 감사히 받기만 하면 거부할 것이 하나도 없습니다. 사실 그것들은 하느님의 말씀과 기도로 거룩해집니다"(1티모 4,4-5)라는 것을 알고 계셨을뿐더러 그렇게 가르치셨기 때문이다. **3.** 거룩하신 아우구스티누스께서 몸소 『고백록』에서 이렇게 말씀하셨다. "저는 부정한 음식을 두려워하지 않고, 더러운 욕심이 두려울 뿐입니다. 노아는 음식에 이바지하는 모든 종류의 고기를 다 먹을 수 있었고, 엘리야는 고기로 기운을 차렸다는 사실을 알고 있습니다. 한편 놀라운 절제력을 타고난 요한은 동물인 메뚜기로 밥을 삼았어도 부정을 타지 아니하였고, 에사오는 죽 한 그릇에 대한 욕심으로 속아 넘어갔으며, 다윗은 물을 목말라하다가 스스로 꾸짖었으며, 우리 임금님께서는 고기가 아닌 빵으로 유혹을 당하셨습니다. 그리고 광야에서 백성이 꾸지람을 듣게 된 것은 고기를 탐했기 때문이 아니라, 음식 투정으로 주님을 거슬러 원망했기 때문이었다고 저는 알고 있습니다."[96] **4.** 포도주를 마심에 대해서는 사도께서 티모테오

---

[96] 『고백록』 10,31,46.

dicentis: «Noli usque adhuc aquam bibere, sed vino modico utere propter stomachum et frequentes tuas infirmitates». **5.** Coclearibus tantum argenteis utens, ceterum vasa, quibus mensae inferebantur cibi, vel testea vel lignea vel marmorea fuerunt, non tamen necessitatis inopia, sed proposito voluntatis. **6.** Sed et hospitalitatem semper exhibuit. Et in ipsa mensa magis lectionem vel disputationem quam epulationem potationemque diligebat, et contra pestilentiam humanae consuetudinis in ea scriptum ita habebat:

«Quisquis amat dictis absentum rodere vitam, hac mensa indignam noverit esse suam».

Et ideo omnem convivam a superfluis et noxiis fabulis sese abstinere debere admonebat. **7.** Nam et quosdam suos familiarissimos coepiscopos, illius scripturae oblitos et contra eam loquentes, tam aspere aliquando reprehendit commotus, ut diceret aut delendos esse illos de mensa versus, aut se de media refectione ad suum cubiculum surrecturum; quod ego et alii, qui illi mensae interfuimus, experti sumus.

23

1. Compauperum vero semper memor erat, eisque inde erogabat unde et sibi suisque omnibus secum habitantibus, hoc est vel ex

에게 이렇게 말씀하신 바 있다. "이제는 물만 마시지 말고, 그대의 위장이나 잦은 병을 생각하여 포도주도 좀 마시십시오"(1티모 5,23). **5.** 은으로 된 것은 숟가락만 사용하셨을 뿐, 음식을 식탁으로 나르는 그릇들은 진흙이나 나무나 돌로 만든 것이었다.[97] 가난하여 어쩔 수 없이 그런 것이 아니라 뜻세워 선택하신 일이었다. **6.** 늘 손님들을 맞으셨다. 식탁에서는 먹고 마시는 일보다 독서나 토론을 더 즐거워하셨다. 사람들의 고약한 습관을 거슬러 식당에 이렇게 써 놓으셨다.

"자리에 함께 있지 않은 사람을 즐겨 헐뜯는 사람은
이 식사를 함께 할 자격이 없음을 알아들을 것이다."

이렇게 식사에 초대된 모든 이에게 안 해도 되거나 해로운 입놀림을 삼가도록 훈계하셨던 것이다. **7.** 한번은 친한 동료 주교들이 깜빡 잊고서는 쓰인 글에 어긋나는 내용의 이야기를 하기 시작했다. 그분은 노하셔서 그들을 심하게 질책하시며, 저 구절들을 식탁에서 지워 버리든가 그렇지 않으면 당신이 점심 식사 도중에 일어나 당신 방으로 가 버리시든가 선택해야겠노라 말씀하셨다. 나와 다른 이들 몇이 그날 식사에 함께 있었기에 이 일화를 증언할 수 있다.

제23장. 가난한 이들에 대한 뜨거운 사랑

1. '가난한 동지들'[98]▶을 늘 기억하시어, 당신 자신뿐 아니라 함께 사는 모

---

[97] 보통 서민들도 흔히 은쟁반을 사용했으나, 아우구스티누스는 은숟가락만 사용하였다. 한편, 진흙·나무·돌로 만든 그릇은 극빈자들의 식기였다. 여기서 돌은 '대리석'(marmoreum)인데, 누미디아 지방에 아주 흔한 재료였다.

reditibus possessionum ecclesiae vel etiam ex oblationibus fidelium. **2.** Et dum forte, ut adsolet, de possessionibus ipsis invidia clericis fieret, adloquebatur plebem Dei malle se ex conlationibus magis plebis Dei vivere quam illarum possessionum curam vel gubernationem pati, et paratum se esse illis cedere, ut eo modo omnes Dei servi et ministri viverent, quo in vetere testamento leguntur altari deservientes de eodem compartiri; sed numquam id laici suscipere voluerunt.

24

1. Domus ecclesiae curam omnemque substantiam ad vices valentioribus clericis delegabat et credebat, numquam clavem, numquam anulum in manu habens, sed ab eisdem domus praepositis cuncta et adcepta et erogata notabantur; quae anno completo eidem recitabantur, quo sciretur quantum adceptum quantumque dispensatum fuerit vel quid dispensandum remanserit, et in multis titulis magis illius praepositi domus fidem sequens quam probatum manifestumque cognoscens. **2.** Domum, agrum seu villam numquam emere

◀98 '가난한 동지들'(compauperes)은 아우구스티누스가 동료 사제와 수도승들뿐 아니라 가난한 사람들을 가리켜 즐겨 쓰는 표현이다(『설교』 14,2; 339,4; 355,2). 그는 히포 수도 공동체를 가리켜 '하느님의 가난한 사람들'(pauperes Dei)이라고 부르기를 좋아했다(『설교』 356,9; 『아우구스티누스의 생애』 31,6). 이처럼 아우구스티누스는 자신이 "가난한 사람들에게서 태어난 가난한 사람"(hominem pauperem de pauperibus natum): 『설교』 356,13)이라는 사실을 잊지 않았으며, 언제나 가난한 사람들과 뜨겁게 연대하며 살았다.

든 이에게 필요한 것들, 곧 교회 소유의 수익과 신자들의 헌금을 쪼개어 그들에게 나누어 주셨다. **2.** 그리고 흔히 생기는 일이지만 이 재산이 성직자들을 향한 미움의 근원이 될까 봐 하느님의 백성에게 종종 말씀하시기를, 교회 재산을 운용하고 관리하느라 고생하기보다는 하느님 백성의 헌금만으로 살아가기를 더 원하시며 당신은 신자들에게 교회 재산을 양도할 준비가 되어 있노라 하셨다. 하느님의 모든 종과 봉사자들이 구약에서 제단에 봉사하던 이들처럼 살 수 있기를 바라셨던 것이다. 사실 구약성경을 읽어 보면, 제단의 봉사자들은 제단의 몫으로 살았다(참조: 신명 18,1 이하; 1코린 9,13). 그러나 평신도들은 이런 제안을 결코 받아들이려 하지 않았다.

제24장. 가난한 교회와 투명한 재산 관리

1. 교회에 속한 집의 모든 재산 관리는 더 유능한 성직자들이 차례로 돌아가며 맡아보도록 위임하셨고,[99] 스스로는 열쇠를 지니지도 않으셨으며, 손에 반지를 끼지도 않으셨다.[100] 집 관리를 맡은 담당자들이 모든 수입과 지출을 기록하였다. 얼마가 들어왔고 또 얼마가 분배되었거나 분배되어야 하는지 알기 위해서 연말에 결산을 보고하도록 하셨다. 그러나 명백한 자료로 검증하기보다는 많은 부분 담당자의 말을 믿고 따르셨다. **2.** 집이나 임야나 별장을 사려고 하신 적은 결코 없었다. 누가 자발적으로 그런 것들

---

[99] 아마도 해마다 돌아가며 이 책임을 맡은 것 같고(『설교』 356,15), 이 소임은 하느님과 형제들을 섬기는 일에만 한정되었다(『편지』 126,9).

[100] 당시에는 돈이나 귀중품을 금고에 넣고서 '열쇠'(clavis)로 잠근 다음, '반지'(anulus)로 봉인하였다. 여기서 열쇠나 반지는 재산 소유권을 뜻한다.

voluit; verum si forte ecclesiae a quoquam sponte tale aliquid vel donaretur vel titulo legati dimitteretur, non respuebat, sed suscipi iubebat. **3.** Nam et aliquas eum hereditates recusasse novimus, non quia pauperibus inutiles esse possent, sed quoniam iustum et aequum esse videbat, ut a mortuorum vel filiis vel parentibus vel adfinibus magis possiderentur, quibus ea deficientes dimittere noluerunt. **4.** Quidam etiam ex honoratis Hipponiensium apud Carthaginem vivens ecclesiae Hipponiensi possessionem donare voluit, et confectas tabulas, sibi usufructu retento, ultro eidem sanctae memoriae Augustino misit; cuius ille oblationem libenter adcepit, congratulans ei quod aeternae suae memor esset salutis. **5.** Verum post aliquot annos, nobis forte cum eodem in comminus constitutis, ecce ille donator litteras per suum filium mittens rogavit ut illae donationum tabulae suo redderentur filio, pauperibus vero erogandos direxit solidos centum. **6.** Quo ille sanctus cognito ingemuit hominem vel finxisse donationem vel eum de bono opere paenituisse, et quanta potuit, Deo suggerente cordi eius, cum dolore animi ex eadem refragatione dixit, in illius scilicet increpationem et correptionem. **7.** Et tabulas, quas ille sponte miserat nec desideratas nec exactas, confestim reddidit, pecuniamque illam respuit, atque rescriptis eumdem sicut oportuit et arguit et corripuit, admonens ut

---

101 아우구스티누스는 누가 젊은 자녀들을 남기고 세상을 떠날 경우, 모든 유산을 다 받지 않고 재산의 일부만 기증받는 것을 원칙으로 삼았다. 그러나 자식 없이 죽었을 경우에는 기꺼이 상속받았다(『설교』 355,4).

을 교회에 기증하거나 예탁 형식으로 맡기면 거절하지 않고 수락하노라 말씀하셨다. **3.** 그러나 어떤 유산들은 사양하셨음을 알고 있다. 그것이 가난한 이들에게 소용이 없어서가 아니라, 망자가 죽으면서 재산을 상속해 주기를 원치 않았던 아들딸이나 친척 또는 부모에게 (유산이) 귀속되어야 옳고 공평하다고 여기셨기 때문이다.[101] **4.** 히포의 지체 높은 시민들 가운데 하나로서 카르타고에 살고 있던 사람이 있었는데, 자기 재산을 히포 교회에 기증하기를 원하였다. 그는 사용 수익권은 본인이 지닌 채 문서를 작성하여 이를 거룩한 기억으로 남아 계시는 아우구스티누스께 자발적으로 보냈다. 그분은 이 희사를 기꺼이 받아들이시며, 이 사람이 영원한 구원을 염두에 두고 있음을 그와 함께 기뻐하셨다. **5.** 그런데 몇 해 뒤, 내가 우연히 그분께 들렀을 때 보니, 기증한 사람이 자기 아들을 통해 편지를 보내어 기증 문서를 자기 아들에게 되돌려 달라고 청하고 있었다. (대신) 금화 100냥[102]을 가난한 이들에게 나누어 주겠다는 것이었다. **6.** 성인께서는 이 소식을 들으시고 마음 아파하셨다. 이 사람은 결국 기증하는 시늉만 한 것이었든지 아니면 자기 선행에 대해 후회했든지 둘 중 하나였던 것이다. 이러한 변심으로 상심하시던 그분께서 하실 수 있었던 것이라고는 하느님께서 일러 주신 대로 이 사람을 꾸짖어 그 잘못을 바로잡아 주는 것이었다. **7.** 그분은 즉시 그 사람이 자발적으로 보내온 문서, 그분으로서는 원하지도 청하지도 않았던 그 문서를 되돌려 주시고 (가난한 이를 위해 내놓겠다는) 돈도 거절하셨다. 그리고 답신을 보내시면서 그 사람의 잘못에 맞갖을 정도로 나무라고 꾸짖으셨다. 그리고 시늉으로만 희사했던 죄에 대해 하

---

[102] 금화 100냥(aureus, solidus)은 금 400그램에 해당하는 고액이다.

de sua simulatione vel iniquitate paenitentiae humilitate Deo satisfaceret, ne cum tam gravi delicto de saeculo exiret. **8.** Frequentius quoque dicebat magis securius et tutius ecclesiam legata a defunctis dimissa debere suscipere quam hereditates forte sollicitas et damnosas, ipsaque legata magis offerenda esse quam exigenda. **9.** Commendata vero quaeque ipse non suscipiebat, sed volentes suscipere clericos non prohibebat. **10.** In his quoque, quae ecclesia habebat et possidebat, intentus amore vel inplicatus non erat, sed maioribus magis et spiritalibus suspensus et inhaerens rebus, aliquando seipsum ad illa temporalia ab aeternorum cogitatione relaxabat et deponebat. **11.** Quibus ille dispositis et ordinatis, tamquam a rebus mordacibus ac molestis animi recursum ad interiora mentis et superiora faciebat, quo vel de inveniendis divinis rebus cogitaret, vel de iam inventis aliquid dictaret, aut certe ex iam dictatis atque transcriptis aliquid emendaret. Et id agebat in die laborans et in nocte lucubrans. **12.** Et erat tamquam illa religiosissima Maria, typum gestans supernae ecclesiae, de qua scriptum est quod sederet ad pedes Domini atque intenta eius verbum audiret; de qua soror conquesta quod ab eadem circa multum ministerium occupata non adiuvaretur, audivit: «Martha, meliorem partem Maria elegit, quae non auferetur ab ea». **13.** Nam fabricarum novarum numquam studium habuit, devitans in eis inplicationem sui animi, quem semper

---

103 죽기 전에 참회해야 한다는 아우구스티누스의 가르침은 『설교』 351,4,2; 352,3,9; 『아우구스티누스의 생애』 31,1에도 나온다.

느님께 겸손되이 참회하여 이렇게 무거운 죄를 지닌 채 이승을 떠나는 일이 없도록 타이르셨다.[103] **8.** 그분은 근심과 해를 불러일으킬 수 있는 재산보다는 망자의 유산을 받는 편이 교회를 위해 더 안전하다고 자주 말씀하셨다. 그뿐 아니라 이 유산마저도 희사되는 것이어야지 강요해서 얻는 것이어서는 안 된다고 하셨다. **9.** 그분은 기탁금[104]을 전혀 받지 않으셨다. 그러나 이를 받기를 원하는 성직자들에게 금하지는 않으셨다. **10.** 교회가 소유하고 있는 재산에 대해서는 큰 관심도 애착도 보이지 않으셨다. 때로 세상사의 필요를 위하여 영원한 것들에 대한 묵상을 그쳐야 할 때도 있었지만, 그분은 영혼의 더 중요한 사정들에 골몰하셨다. **11.** (세상일들을) 해결하고 정리하신 뒤에는 마치 귀찮고 피곤한 일이기라도 한 듯 세상사를 떠나 더 내면적이고 고상한 일에 주의를 기울이셨다. 탐구해야 할 하느님의 것들에 대해 묵상하시거나, 이미 완수하신 탐구를 받아쓰게 하시거나, 또는 이미 받아 적어 필사한 작품들을 수정하셨던 것이다. 이렇게 낮에는 일하고 밤에는 깨어 지내셨다.[105] **12.** 그분은 마치 천상 교회의 예형豫型인 저 경건한 마리아와도 같으셨다. 성경에 적혀 있기를, "마리아는 주님의 발치에 앉아 그분의 말씀을 귀 기울여 듣고 있었다"고 하였다. 동기(마르타)가 자기는 온갖 일로 다 바쁜데 도와주지 않는다며 불평했을 때 주님께서는 이렇게 말씀하신 바 있다. "마르타야, 마리아는 좋은 몫을 선택하였다. 그리고 그것을 빼앗기지 않을 것이다"(루카 10,39-42).[106] **13.** 새로 집을 짓는 일에는 전혀 관심이 없으셨다. 그런 일에 정신을 빼앗기기보다는, 당신 마음

---

104 '기탁금'(commendata)이란 영구 기증이 아니라 일정 기간만 맡겨두는 재산이다.
105 아우구스티누스도 자기는 밤낮으로 일해야 했다고 털어놓았다(『편지』 224,2).
106 『설교』 103; 104 참조.

liberum habere volebat ab omni molestia temporali; non tamen illa volentes et aedificantes prohibebat, nisi tantum inmoderatos. **14.** Interea, dum ecclesiae pecunia deficeret, hoc ipsum populo Christiano denuntiabat, non se habere quod indigentibus erogaret. **15.** Nam et de vasis dominicis propter captivos et quamplurimum indigentes frangi et conflari iubebat et indigentibus dispensari. **16.** Quod non commemorassem, nisi contra carnalem sensum quorumdam fieri perviderem. Et hoc ipsum etiam venerabilis memoriae Ambrosius in talibus necessitatibus indubitanter esse faciendum et dixit et scripsit. **17.** Sed et de neglecto a fidelibus gazophylacio et secretario, unde altari necessaria inferrentur, aliquando in ecclesia loquens admonebat, quod etiam beatissimum Ambrosium se praesente in ecclesia tractavisse nobis aliquando retulerat.

25

1. Cum ipso semper clerici una etiam domo ac mensa sumptibusque communibus alebantur et vestiebantur. **2.** Et ne quisquam facili iuratione etiam ad periurium decidisset, et in ecclesia populo praedicabat, et suis instituerat, ne quis iuraret, ne ad mensam quidem.

---

107 『고백록』 8,6,13 참조.

108 예컨대, 히포 수도원의 레포리우스 신부는 아우구스티누스의 허락을 받아 교회 하나와 길손들을 위한 숙소를 지었고(『설교』 356,10), 에라클리우스 부제도 이와 같은 방식으로 '순교자 기념관'(memoria martyris)을 건립하였다(『설교』 356,7).

109 암브로시우스의 『성직자의 의무』(*De officiis ministrorum*) 2,28,136을 암시한다. 아리우스파의 비판에도 불구하고, 암브로시우스는 가난한 사람들을 위해서라면 성물이라도 녹여서 나누어 주어야 한다고 줄기차게 주장했다.

이 언제나 세상 걱정에서 자유롭게 되기를 원하셨다.¹⁰⁷ 그렇다고 건축을 하고자 하는 이에게 금하는 법도 없으셨다. 단지 그 집이 화려하지만 않으면 되었다.¹⁰⁸ **14.** 더러 교회에 돈이 부족할 때에는 신자들에게 당신이 가난한 이에게 나누어 줄 것이 없음을 알리셨다. **15.** 갇힌 이들과 수많은 가난한 이들을 돕기 위하여 성물聖物마저 쪼개고 녹이게 하셔서 필요한 이들에게 나누어 주셨다. **16.** 그런데 육에 따라 생각하는 몇몇 사람들의 견해가 이와 맞선다는 것을 보지 않았더라면 이 일화를 굳이 언급하지 않았을 것이다. 그뿐 아니라 공경하올 기억으로 남아 계시는 암브로시우스께서도 그토록 어려운 처지에서는 서슴없이 그렇게 해야 한다고 말씀하시고 쓰셨다.¹⁰⁹ **17.** 아우구스티누스께서는 교회 안에서 말씀하시는 중에 신자들이 가난한 이들과 제단에 필요한 것을 준비하는 제의방의 경제 사정에 소홀하다고 더러 일깨워 주곤 하셨다. 이와 관련하여 한번은, 복되신 암브로시우스께서도 교회에서 같은 주제의 말씀을 하시는 것을 들었노라 우리에게 말씀하신 적이 있다.

제25장. 성직자 공동 생활의 원칙

1. 성직자들은 언제나 아우구스티누스와 같은 집에서 지내면서 같은 식탁에서 먹고 공동으로 구입한 옷을 입었다. **2.** (사람들이) 거짓 맹세로 쉽게 서약하지 않도록, 신자들에게는 교회에서 (이 주제에 관해서) 설교했으며, 당신 동료들에게는 식탁에서조차 맹세하지 못하게 하셨다.¹¹⁰ 누군가가 이

---

110 아우구스티누스는 종종 '맹세'(iuratio)의 문제에 관해서 말하곤 했다. 맹세를 하는 자는 언젠가는 반드시 거짓맹세를 하게 된다는 것이다(『거짓말 반박』*Contra mendacium* 15,28; 『시편 상해』 88,1,4; 『설교』 180; 307; 『편지』 157,5,40). 그는 맹세를 이겨 내야 할 악습으로 여겼다(『설교』 180,9,10).

Quod si prolapsus fecisset, unam de statutis perdebat potionem; numerus enim erat suis secum commorantibus et convivantibus poculorum praefixus. **3.** Indisciplinationes quoque et transgressiones suorum a regula recta et honesta et arguebat et tolerabat quantum decebat et oportebat, in talibus praecipue docens, ne cuiusquam cor declinaretur in verba maligna ad excusandum excusationes in peccatis. **4.** Et ut dum quisque offerret munus suum ad altare et illic recordatus fuerit quod frater suus habeat aliquid adversus illum, relinquendum esse munus ad altare atque eundum quo fratri reconcilietur, et tunc veniendum et munus ad altare offerendum. **5.** Si vero ipse adversus fratrem suum aliquid haberet, corripere eum debere in parte; et si eum audisset, lucratus esset suum fratrem; sin minus, adhibendum esse unum aut duos; quod si et ipsos contemneret, ecclesiam adhibendam; si vero et huic non oboediret, esset illi ut ethnicus et publicanus. **6.** Et illud addens, ut fratri peccanti et veniam petenti non septies, sed septuagies septies delictum relaxetur, sicut quisque a Domino cotidie sibi postulat relaxari.

26

1. Feminarum intra domum eius nulla umquam conversata est, nulla mansit, ne quidem germana soror, quae vidua Deo serviens multo tempore usque in diem obitus sui praeposita ancillarum Dei vixit, sed nec fratris sui filiae, quae pariter Deo serviebant; quas

를 어겼을 경우에는 제 몫의 음료를 잃게 되었다. 왜냐하면 그분과 함께 먹고살던 사람들에게는 잔의 수가 미리 정해져 있었기 때문이다. **3.** 규정을 어기거나 올바르고 정직한 규칙을 소홀히 했을 경우, 유익하고 필요하다면 꾸짖거나 참아 주셨다. 특히 아우구스티누스께서는 그 누구도 자신의 죄를 변명하느라 악한 말에 마음을 굴복시키지 않도록 가르치셨다(시편 140,4 참조). **4.** 그리고 누가 예물을 제단에 바치면서 자기 형제가 자신에게 원한을 품고 있다는 사실을 기억하게 되면 그 예물을 제단에 두고서 그 형제에게 가서 화해해야 했고, 그런 다음 돌아와서 예물을 제단에 바쳐야만 했다(마태 5,23 이하 참조). **5.** 또 누가 자기 형제와 원한을 품고 있다면, 그 형제를 따로 만나야 했다. 그 형제가 말을 들으면 그는 자기 형제를 얻는 것이고, 반대의 경우에는 한 사람이나 두 사람에게 데려가야 했다. 그들마저 무시한다면, 교회에 데려가야 했다. 그가 교회에게마저 순종하지 않을 경우에는 그를 다른 민족이나 세리처럼 여겨야 했다(마태 18,15 이하 참조). **6.** 그리고 우리가 날마다 주님께 죄의 용서를 청하듯이, 죄를 짓고 용서를 청하는 형제에게는 일곱 번이 아니라 일흔 번씩 일곱 번이라도 죄를 용서해 주어야 한다고 덧붙이셨다(마태 18,21 이하; 6,12 참조).

제26장. 성직자와 여인들의 관계에 관한 교훈

1. 어떤 여인도 그분의 집을 드나들거나 머물지 않았다. 심지어 과부로 죽을 때까지 오래도록 주님을 섬기며 하느님 여종들의 장상으로 살던 누이동생[111]이나, 같은 모양으로 하느님을 섬기던 당신 형제[112]▸의 딸들마저도

---

[111] 여동생의 이름은 알려지지 않았다. 그녀는 과부가 된 뒤, 히포 수도원의 지도를 받는 여자 수도원의 장상이 되었다. '하느님의 여종'(ancilla Dei)은 '하느님의 종'(servus Dei)이라는 표현과 마찬가지로 수도승을 뜻한다.

personas sanctorum episcoporum concilia in exceptis posuerunt.
2. Dicebat vero, quia, etsi de sorore et neptibus secum commorantibus nulla nasci posset mala suspicio, tamen, quoniam illae personae sine aliis necessariis secumque manentibus feminis esse non possent, et quod ad eas etiam aliae aforis intrarent, de his posse offendiculum aut scandalum infirmibus nasci, et illos qui cum episcopo vel quolibet clerico forte manerent, ex illis omnibus feminarum personis posse una commorantibus aut adventantibus aut temptationibus humanis perire, aut certe malis hominum suspicionibus pessime diffamari. **3.** Ob hoc ergo dicebat numquam debere feminas cum servis Dei, etiam castissimis, una manere domo, ne, ut dictum est, aliquod scandalum aut offendiculum tali exemplo poneretur infirmibus. Et si forte ab aliquibus feminis ut videretur vel salutaretur rogabatur, numquam sine clericis testibus ad eum intrabant vel solus cum solis umquam est locutus, nisi secretorum aliquid interesset.

27

1. In visitationibus vero modum tenebat ab Apostolo definitum, ut nonnisi pupillos et viduas in tribulationibus constitutos visitaret.

◂112 아마도 아우구스티누스의 형제 나비기우스를 가리키는 것 같다. 나비기우스는 아우구스티누스가 회심한 직후 카시키아쿰에서 함께 지냈으며(『아카데미아 학파 반박』*Contra Academicos* 1,2,5-14; 『행복한 삶』*De beata vita* 1,6-7; 『질서론』*De ordine* 1,2,5), 오스티아 항구에서 어머니의 죽음도 함께 지켜보았다(『고백록』 9,11,17). 그러나 그의 죽음에 관해서는 알려지지 않았다.

그러하였다. 그러나 존엄한 주교회의는 이 여인들에게는 예외를 허용하였다.[113] **2.** 그리하여 아우구스티누스께서는 여동생과 조카딸들이 당신과 같이 살았더라면 있었을 법한 어떠한 나쁜 의혹도 생겨날 수 없었다고 말씀하셨다. 왜냐하면 이 여인들(여동생과 조카딸)은 당신과 함께 지내면서도 다른 여자 동료들 없이는 살 수 없었을 테고, 자연히 바깥의 다른 여인들이 그들에게 드나들었을 것이므로, 이 여인들로 말미암아 약한 이들에게 걸림돌이나 상처의 빌미가 생겨날 수도 있었기 때문이다(참조: 1코린 8,9; 로마 14,13). 행여 이 모든 여인 가운데 누군가 주교나 몇몇 성직자들과 함께 살았다면, 동거나 방문으로 말미암아 인간적인 유혹에 빠질 수도 있었을 것이고, 분명히 사람들의 좋지 않은 의혹 때문에 평판이 나빠질 수도 있었기 때문이다. **3.** 따라서 내가 앞서 말했듯이, 이러한 사례가 약한 이들에게 걸림돌이나 상처가 되지 않도록, 비록 하느님의 종들이 그지없이 정결하다 할지라도 여인들과 한집에 살아서는 안 된다고 아우구스티누스께서는 말씀하셨다. 어떤 여인들이 문안을 여쭐 바람으로 자신들을 방문하여 주십사 청했을 때도, 그분께서는 동료 성직자 없이는 결코 그 여인들에게 혼자 가지 않으셨으며, 어떤 비밀과 관련되지 않은 한 그 여인들과 홀로 말씀을 나누지 않으셨다.

제27장. 사목자가 지켜야 할 원칙

1. (신도들을) 방문하실 때는 곤경에 빠진 과부와 고아들을 찾아 나서라고 사도께서 정하신 규정(야고 1,27)을 따르셨다. **2.** 행여 어떤 환자가 직접 와

---

[113] 제3차 카르타고 교회회의(397년)에서 여성은 성직자와 함께 거주할 수 없다고 못박았다. 그러나 어머니·할머니·숙모·여동생·조카는 예외였다(법규 제17항).

2. Et si forte ab aegrotantibus ob hoc peteretur, ut pro eis in praesenti Dominum rogaret eisque manum inponeret, sine mora pergebat. 3. Feminarum autem monasteria nonnisi urgentibus necessitatibus visitabat. 4. Servandum quoque in vita et moribus hominis Dei referebat, quod instituto sanctae memoriae Ambrosii compererat, ut uxorem cuiquam numquam posceret, neque militare volentem ad hoc commendaret, neque in sua patria petitum ire ad convivium; 5. de singulis rebus praestans causas, scilicet ne dum inter se coniugati iurgarent, ei maledicerent per quem coniuncti essent, sed plane, ad hoc sibi iam consentientes, petitum interesse debere sacerdotem, ut vel eorum iam pacta vel placita firmarentur vel benedicerentur; et ne militiae commendatus ac male agens, eius culpa suffragatori tribueretur; et ne per frequentiam in propriis conviviorum institutus temperantiae amitteretur modus. 6. Indicaverat quoque nobis se praedicti beatae memoriae viri in ultimo vitae constituti audisse sapientissimum et piissimum responsum et multum laudabat ac praedicabat. 7. Nam cum ille venerabilis ultima iaceret aegritudine, et a fidelibus honoratis lecto eius adstantibus, et videntibus eum de saeculo ad Deum migraturum, et ob hoc maerentibus tanti ac talis antistitis ecclesiam posse privari verbi et sacramenti Dei dispensatione, et rogaretur cum lacrimis, ut sibi a Domino vi-

---

114 '하느님의 사람'(homo Dei)이라는 표현은 3세기까지는 모든 그리스도인에 적용되었으나, 점차 예언자 · 성인 · 수도승 · 성직자에 한정되어 사용되었다.

서 자신을 위해서 주님께 기도하고 안수해 주시기를 청하면, 지체 없이 찾아가셨다. **3.** 그러나 급하게 필요한 경우가 아니고는 여자 수도원은 방문하지 않으셨다. **4.** 그분께서는 하느님의 사람[114]이 삶과 품행에서 지켜야 할 규범에 관해서도 말씀하셨는데, 그것은 거룩한 기억으로 남아 계신 암브로시우스에게서 배운 것으로서, 누구에게도 중매 서지 말고, 누가 군대 가기를 원한다 해도 추천하지 말 것이며, 제 고향에서는 식사 초대에 가지 말라는 것이었다. **5.** 이러한 규범을 지켜야 하는 나름대로의 까닭을 다음과 같이 설명해 주셨다. 부부가 싸움을 할 때 자신들을 맺어 준 사람을 욕하는 것을 피해야 할지니, 사제는 (혼인 당사자들이) 이미 서로 동의하여 요청할 때 비로소 그들이 맺은 계약이나 결정을 확증하고 축복하기 위해서 관여해야 한다. 그리고 군대에 추천 받은 자가 불량하게 처신할 때, 그 탓이 그를 밀어준 사람에게 떨어지는 일이 없어야 한다. 그리고 친지들의 잔치에 자주 참석함으로써 절제를 잃어버리는 일이 없어야 하기 때문이다. **6.** 또한 그분께서는 앞서 말한 복된 기억으로 남아 계신 분(암브로시우스)께서 생애의 마지막 순간에 남기신 매우 지혜롭고 경건한 답변을 들었노라고 우리에게 말씀하셨는데, 그 말씀을 대단히 찬미 찬양하셨다.[115] **7.** 존경하올 분(암브로시우스)께서 최후의 병환으로 누워 계실 때, 지체 높은 신자들이 병상에 둘러서서 그분께서 이승에서 주님께로 건너가는 순간을 지켜보고 있었다. 신자들은 이제 교회가 설교나 성사 집전에서 그토록 빼어난 주교의 활동을 잃게 되었다며 슬퍼하였고, 목숨을 늘여 주십사 주님께 기도하라고 암브로시우스께 눈물을 흘리며 청하였다. 그러나 그분께서는 이

---

[115] 암브로시우스가 세상을 떠나던 397년에 아우구스티누스는 아프리카에 머물러 있었기에, 문병을 할 수도 없었고, 임종의 순간에 함께할 수도 없었다. 아마도 아우구스티누스는 파울리누스가 쓴 『암브로시우스의 생애』(Vita Ambrosii)를 읽었을 것이다(『암브로시우스의 생애』 45,2).

tae posceret commeatum, eum illis dixisse: «Non sic vixi, ut me pudeat inter vos vivere; sed nec mori timeo, quia bonum Dominum habemus». **8.** Et in his noster Augustinus senex elimata ac librata admirabatur et laudabat verba: ideo enim eum dixisse intellegendum esse: «nec mori timeo, quia bonum Dominum habemus», ne crederetur praefidens de suis purgatissimis moribus praemisisse: «non sic vixi, ut me pudeat inter vos vivere»; hoc enim dixerat ad illud quod homines de homine nosse poterant; nam ad examen aequitatis divinae de bono se Domino magis confidere, cui etiam in oratione cotidiana dominica dicebat: «Dimitte nobis debita nostra». **9.** Cuiusdam quoque coepiscopi et familiarissimi sui amici in extremis vitae de talibus frequentissime referebat dictum; ad quem cum visitandum iam morti propinquantem ventitasset, et ille manus gestu se de saeculo exiturum significaret, atque a se illi esset responsum adhuc eum ecclesiae necessarium vivere posse, illum, ne putaretur huius vitae teneri cupiditate, respondisse: «Si numquam, bene; si aliquando, quare non modo?». **10.** Et talem sententiam mirabatur et laudabat hominem protulisse Deum quidem timentem, verumtamen in villa natum et nutritum sed non multa lectionis eruditum scientia; **11.** contra illum scilicet sensum aegrotantis episcopi, de quo sanctus in epistula sua, quam de mortalitate scripsit,

---

116 여기서 '편지'(epistula)란 키프리아누스의 『죽음에 관하여』(De mortalitate)를 가리킨다. 정확한 이유는 알 수 없지만, 포시디우스뿐 아니라 아우구스티누스도 키프리아누스의 이 작품을 일컬어 『죽음에 관한 편지』(Epistula de mortalitate)라고 하였다(『율리아누스 반박 미완성 작품』Contra Iulianum opus imperfectum 2,8,25).

렇게 대답하셨다. "나는 여러분 가운데 살아 있다는 사실을 부끄러워할 만큼 그렇게 살아오지는 않았습니다. 나는 죽는 것이 두렵지 않습니다. 왜냐하면 우리는 좋으신 주님을 모시고 있기 때문입니다." **8.** 이 답변으로 말미암아, 연만하신 우리 아우구스티누스께서는 신중하고 균형 잡힌 그분 말씀을 놀라워하며 칭송하셨다. "나는 여러분 가운데 살아 있다는 사실을 부끄러워할 만큼 그렇게 살아오지는 않았습니다"라는 말씀이, 당신의 지극히 깨끗한 품행에 대한 자만으로 말미암은 것이라 오해하지 않도록, 암브로시우스께서 "나는 죽는 것이 두렵지 않습니다. 왜냐하면 우리는 좋으신 주님을 모시고 있기 때문입니다"라고 덧붙이셨다는 것을 잘 알아들어야 한다. 이 말씀은 사람들이 한 인간에 대하여 알 수 있는 바에 관한 것이지만, 하느님의 정의로운 심판에 관한 한, 날마다 「주님의 기도」를 바치며 "저희 잘못을 용서하시고"(마태 6,12)라고 아뢰던 좋으신 주님께 더 큰 신뢰를 두신 것이다. **9.** 아우구스티누스께서는 당신의 절친한 친구였던 동료 주교가 삶의 마지막 순간에 남기신 말씀에 관해서도 자주 이야기하셨다. 그 동료 주교의 임종 때, 아우구스티누스께서는 그분을 방문하셨다. 그가 이승을 막 떠나려 한다는 뜻으로 손짓하자, 아우구스티누스께서는 교회를 위해서 아직 좀 더 살 필요가 있다고 화답하셨다. 그러자 그 주교는 자신이 이승의 삶에 대한 열망에 사로잡혀 있다는 오해를 피하고자 이렇게 대답했다는 것이다. "영원히 죽지 않는다면 그렇게 하지요. 그러나 어차피 언젠가 한번 죽는 것이라면 왜 지금은 안 된다는 겁니까?" **10.** 그리 많이 배울 수 없는 시골에서 태어나고 자랐으나, 하느님을 두려워하는 그분의 말씀에 아우구스티누스께서는 경탄과 칭송을 아끼지 않으셨다. **11.** 그 병든 주교의 말씀은 거룩한 순교자 키프리아누스께서 죽음에 관하여 쓴 당신의 편지[116]에서 말씀하시는 것과 분명히 반대되는 것이다. "병으로 쇠약

martyr Cyprianus ita retulit, dicens: «Cum quidam de collegis et consacerdotibus nostris infirmitate defessus et de adpropinquante morte sollicitus commeatum sibi precaretur, adstitit deprecanti et iam paene morienti iuvenis honore et maiestate venerabilis, statu celsus et clarus adspectu, et quem adsistentem sibi vix possit humanus adspectus oculis carnalibus intueri, nisi quod talem videre iam poterat de saeculo recessurus. Atque ille non sine quadam animi et vocis indignatione infremuit et dixit: "Pati timetis; exire non vultis; quid faciam vobis?"».

28

1. Ante proximum vero diem obitus sui a se dictatos et editos libros recensuit, sive eos quos primo tempore suae conversionis adhuc laicus, sive quos presbyter, sive quos episcopus dictaverat, et quaecumque in his recognovit aliter quam sese habet ecclesiastica regula a se fuisse dictata et scripta, cum adhuc ecclesiasticum usum minus sciret minusque sapuisset, a semetipso et reprehensa et correcta sunt; unde etiam duo conscripsit volumina, quorum est titulus: «De recensione librorum». **2.** Praereptos etiam sibi quosdam libros ante diligentiorem emendationem a nonnullis fratribus con-

---

117 키프리아누스 『죽음에 관하여』(*De mortalitate*) 19.
118 아우구스티누스는 자신의 모든 저술을 다시 손질하고 싶어 했으나, 책(libri)만을 수정할 수 있었다. 이 작업은 427/428년경에 이루어졌으며, 『재론고』(*Retractationes*)라는 책 두 권으로 출간되었다.

해진 우리 동료 주교 한 사람이 임박한 죽음을 두려워하면서 자기 목숨을 늘여 주십사 기도하고 있었다. 이렇게 기도하면서 거의 죽어 가던 그에게 큰 키에 근엄한 품위와 권위를 갖춘 한 젊은 분이 빛나는 모습으로 나타나셨다. 사람의 시력으로는 겨우 육안으로만 발현을 분간할 수 있을 정도였지만, 이 세상을 떠나던 주교만큼은 이미 그분을 뵐 수 있었다. 그분은 내심의 불만이 묻어나는 떨리는 목소리로 말씀하셨다. '그대들은 고통을 두려워하고 떠나기를 원치 않는구려. 내가 그대들을 위하여 무엇을 해야 한단 말인가?'"[117]

제28장. 저술 작품의 손질과 반달족의 침입

1. 아우구스티누스께서는 돌아가시기 얼마 전에 당신께서 받아쓰게 하시고 펴내신 책들을 다시 손질하셨다.[118] 그 책들은 당신께서 (그리스도교에) 귀의한 지 얼마 되지 않아 아직 평신도[119]로서 저술한 것들도 있고, 사제와 주교로서 저술한 것들도 있다. 아직 교회 관행을 잘 알지 못해서 교회 규정에 어울리지 않게 저술했다고 여긴 것은 무엇이나 당신 스스로 고치고 바로잡으셨다. 그리하여 그분은 두 권으로 된 책을 저술하셨는데, 그 제목은 『책들의 수정본』이다.[120] **2.** 아우구스티누스께서는 비록 나중에 손질하기는 했지만, 어떤 책들은 당신께서 꼼꼼하게 손질하기 전에 몇몇 형제들

---

[119] 아우구스티누스가 카시키아쿰에서 저술한 대화집들은 '평신도'(laicus)가 아니라, '예비신자'(catechumenus) 신분으로 저술한 것이다(『재론고』 서론).

[120] 대부분의 사본에 붙은 제목은 『재론고』이다. 『책들의 수정본』(*De recensione librorum*) 이라는 제목은 포시디우스가 나름대로 지어 붙였을 것이다.

querebatur, licet eos postmodum emendasset. Inperfecta etiam quaedam suorum librorum praeventus morte dereliquit. **3.** Quique prodesse omnibus volens, et valentibus multa librorum legere et non valentibus, ex utroque divino testamento, veteri et novo, praemissa praefatione praecepta divina seu vetita ad vitae regulam pertinentia excerpsit, atque ex his unum codicem fecit, ut qui vellet legeret, atque in eo vel quam oboediens Deo inoboediensque esset agnosceret; et hoc opus voluit «Speculum» appellari. **4.** Verum brevi consequenti tempore divina voluntate et potestate provenit, ut manus ingens, diversis telis armata et bellis exercitata, inmanium hostium Vandalorum et Alanorum, commixtam secum habens Gothorum gentem aliarumque diversarum personas, ex Hispaniae partibus transmarinis navibus Africae influxisset et inruisset; **5.** universeque, per loca Mauritaniarum etiam ad alias nostras transiens provincias et regiones, omni saeviens atrocitate et crudelitate, cuncta quae potuit exspoliatione, caedibus diversisque tormentis, incendiis aliisque innumerabilibus et infandis malis depopulata est, nulli sexui, nullae parcens aetati, nec ipsis Dei sacerdotibus vel ministris, nec ipsis ecclesiarum ornamentis seu instrumentis vel aedificiis. **6.** Et hanc ferocissimam hostium grassationem et vastationem ille Dei homo et factam fuisse et fieri non ut ceteri homi-

---

121 『신국론』(*De civitate Dei*) 첫 열두 권을 가리킨다. 이 부분은 미처 손질을 끝내기도 전에 열광적인 아우구스티누스 추종자들이 베껴 가 퍼뜨렸다(『재론고』 2,41,1; 『편지』 174).

이 가져가 버렸다고 한탄하기도 하셨다.[121] 또 당신의 갑작스런 죽음으로 말미암아 어떤 책들은 미완성으로 남겨 놓기도 하셨다.[122] **3.** 또 많은 책을 읽을 수 있는 사람이나 그렇지 못한 사람 모두에게 도움을 주고 싶은 열망으로, 신약과 구약 성경에서 삶의 원칙에 관하여 하느님의 명령과 금령을 담고 있는 구절을 뽑고 머리말까지 달아서 한 권의 책으로 엮으셨다. 그리하여 그 책을 읽고자 하는 사람은, 그 책을 통하여 스스로가 하느님께 얼마나 순종하는지 불순종하는지 인식할 수 있게 하셨다. 당신께서는 이 작품에 '거울'이라는 제목을 붙이고자 하셨다.[123] **4.** 얼마 후, 하느님의 뜻과 계획에 따라 갖가지 무기로 무장하고 전쟁에 숙달된 대규모 군대가 몰려왔다. 잔인한 원수인 반달족과 알라니족이 다른 혈통의 고트족과 연합한 그 군대는 배를 타고 에스파냐 바다 건너편에서 아프리카로 침입했다.[124] **5.** 침략자들은 마우리타니아 지방을 두루 거쳐 우리 지방과 지역[125]을 지나면서 온갖 포악한 짓을 저질렀다. 약탈, 학살, 갖은 고문, 방화, 헤아릴 수 없이 극악한 만행과 같이 할 수 있는 모든 짓을 저지르며 약탈했다. 그들은 남녀노소 가리지 않았고, 하느님의 주교들이나 성직자들뿐 아니라, 교회의 장식물이나 제구, 교회 건물마저도 모조리 휩쓸어 버렸다. **6.** 그 하느님의 사람(아우구스티누스)은 원수들의 이처럼 잔인한 폭력과 파괴가 왜 일어났고 또 왜 일어나고 있는지에 관해서 다른 사람들과는 달리 느끼고 생각

---

122 『율리아누스 반박 미완성 작품』*Contra Iulianum opus imperfectum*(429~430년)을 일컫는 것이다.

123 아우구스티누스는 성경을 '거울'이라 즐겨 불렀다. 『거울』(*Speculum*)은 427년에 썼으며, 똑같은 이름이 붙은 다른 작품들과 혼동하지 않도록 *Speculum quis ignorat*이라고도 한다.

124 반달족과 알라니족의 연합군은 겐세리쿠스 왕의 지휘 아래 429년에 북아프리카에 상륙했다.

125 누미디아 지방을 가리킨다.

num sentiebat et cogitabat; sed altius ac profundius ea considerans, et in his animarum praecipue vel pericula vel mortes praevidens, solito amplius — quoniam, ut scriptum est, qui adponit scientiam, adponit dolorem, et cor intellegens tinea ossibus — fuerunt ei lacrimae panes die ac nocte, amarissimamque et lugubrem prae ceteris suae senectutis iam paene extremam ducebat ac tolerabat vitam. **7.** Videbat enim ille homo civitates excidio perditas pariterque cum aedificiis villarum, habitatores alios hostili nece exstinctos, alios effugatos atque dispersos, ecclesias sacerdotibus ac ministris destitutas, virginesque sacras et quosque continentes ubique dissipatos, et in his alios tormentis defecisse, alios gladio interemptos esse, alios in captivitate, perdita animi et corporis integritate ac fide, malo more et duro hostibus deservire; **8.** hymnos Dei et laudes ex ecclesiis deperisse, aedificia ecclesiarum quamplurimis locis ignibus concremata, sollemnia quae Deo debentur de propriis locis desisse sacrificia, sacramenta divina vel non quaeri, vel quaerenti qui tradat non facile repperiri; **9.** in ipsis montium silvis, cavernis petrarum et speluncis confugientes, vel ad quasque munitiones, alios fuisse expugnatos et interceptos, alios ita necessariis sustentaculis evolutos atque privatos, ut fame contabescerent; ipsosque ecclesiarum praepositos et clericos, qui forte Dei beneficio vel eos non incurrerunt vel incurrentes evaserunt, rebus omnibus exspoliatos atque nudatos egentissimos mendicare, nec eis omnibus ad omnia quibus fulciendi essent subvenire posse; **10.** vix tres super-

하셨다. 그분은 이 일들을 더 깊고 심오하게 성찰하시면서, 그 사건들 속에서 일어나게 될 영혼의 위험이나 죽음을 특별히 예견하셨다. 왜냐하면 "지식에 다다른 자는 고통에 이르며, 지혜로운 마음은 뼈를 깎는 고뇌"라고 씌어 있기 때문이다. 그분께서는 여느 때와는 달리 밤낮으로 눈물의 빵을 드셨으며,[126] 그 누구보다도 슬프고 쓰디쓴 인생의 마지막을 연만하신 몸으로 겨우 지탱하고 참아내셨다. **7.** 하느님의 사람(아우구스티누스)은 파괴된 도시들을 보셨고, 시골에서도 마찬가지로 파괴된 건물과 더불어 잔인한 원수들에게 살해되거나 도망가고 흩어진 주민들, 그리고 주교와 성직자들에게 버림받은 교회들, 뿔뿔이 흩어진 거룩한 동정녀들과 수도승들을 보셨다. 그들 가운데 더러는 고문을 이겨 내지 못했고, 더러는 칼에 맞아 죽었으며, 더러는 노예로 전락하여, 영혼과 육신의 온전함과 신앙을 잃어버린 채 악랄하고 가혹한 대우를 받으면서 원수들을 섬기고 있었다. **8.** 하느님을 찬미하는 노래는 교회에서 사라졌고, 수많은 지역의 교회 건물은 불타버렸으며, 합당한 장소에서 하느님께 드려야 할 장엄한 희생제는 그쳤고, 더 이상 거룩한 성사를 청하는 사람도 없었으며, 설령 청한다 할지라도 성사를 집전할 사람을 쉽게 구할 수도 없었다. **9.** 야산이나 암벽굴이나 동굴 또는 다른 요새에 피신한 사람들 가운데 더러는 잡혀 죽었고, 더러는 헐벗고 생활 필수품이 부족해서 굶어 죽었다. 하느님의 은총으로 적들에게 붙잡히지 않았거나 붙잡혔다가 탈출한 교회 지도자들과 성직자들마저 모든 것을 다 빼앗긴 채 아주 비참하게 알몸으로 구걸해야 했으며, 궁핍한 이들에게 필요한 것들을 조금도 채워 줄 수 없었다. **10.** 수많은 교

---

[126] 사실, 아우구스티누스는 평소에도 밤낮으로 눈물의 빵을 먹었다(『신국론』 22,17; 『고백록』 12,11,13; 『시편 상해』 16,5; 『요한 복음 강해』*In Ioannis evangelium tractatus* 20,11).

stites ex innumerabilibus ecclesiis, hoc est Carthaginiensem, Hipponiensem et Cirtensem, quae Dei beneficio excisae non sunt, et earum permanent civitates, et divino et humano fultae praesidio — licet post eius obitum urbs Hipponiensis incolis destituta ab hostibus fuerit concremata —. **11.** Et se inter haec mala cuiusdam sapientis sententia consolabatur dicentis: «Non erit magnus magnum putans quod cadunt ligna et lapides, et moriuntur mortales». **12.** Haec ergo omnia ille, ut erat alte sapiens, cotidie ubertim plangebat. Adcrevitque maeroribus et lamentationibus eius, ut etiam adhuc in suo statu consistentem ad eamdem Hipponiensium regionum civitatem ab eisdem hostibus veniretur obsidendam, quoniam in eius tunc fuerat defensione constitutus comes quondam Bonifatius cum Gothorum foederatorum exercitu; quam urbem ferme quattuordecim mensibus conclusam obsederunt; nam et litus illi marinum interclusione abstulerunt. **13.** Quo etiam ipsi nos de vicino cum aliis nostris coepiscopis confugeramus, in eademque omni eius obsidionis tempore fuimus. Unde nobiscum saepissime conloquebamur et Dei tremenda iudicia prae oculis nostris posita considerabamus, dicentes: «Iustus es, Domine, et rectum iudicium tuum», pariterque dolentes, gementes et flentes orabamus miserationum Patrem et Deum omnis consolationis, ut in eadem nos tribulatione sublevare dignaretur.

회들 가운데 겨우 세 곳이 살아남았으니, 카르타고 · 히포 · 키르타 교회는 하느님의 은총으로 파괴되지 않았다. 그 도시들은 하느님과 사람들의 도움과 보호로 아직 건재했다. 그러나 아우구스티누스께서 돌아가신 뒤에 주민들은 히포 시를 빠져나갔고, 적들은 (도시를) 불 질러 버렸다.[127]

11. 아우구스티누스께서는 이러한 재앙 가운데 (다음과 같은) 현자의 말씀으로 스스로를 위로하셨다. "나무와 돌이 떨어지고, 죽을 존재가 죽는 것을 대단하게 여기는 자는 위대한 사람이 못 된다."[128] 12. 대단히 지혜로우셨던 그분께서는 이 모든 재앙에 날마다 뜨거운 눈물을 흘리셨다. 그 당시 보니파티우스 방백[129]▶의 방어 덕분에 고트족 연합군에게서 아직은 무사했던 히포 지역을 적들이 포위해 오자 그분의 눈물과 탄식은 더욱 커졌다. 이 도시는 거의 열넉 달 동안 포위되어 있었고, 바다로 가는 길도 막혀 버렸다. 13. 우리도 다른 동료 주교들과 가까운 곳으로 피신하여 포위 기간 내내 함께 있었다. 우리는 "주님, 당신께서는 의로우시고 당신의 법규는 바릅니다"(시편 119,137)라고 아뢰며, 바로 우리 눈앞에서 벌어지고 있는 하느님의 두려운 심판에 관해 자주 대화하고 성찰하곤 했다. 똑같이 고통을 겪고 있던 우리는, 이 어려움 속에서도 꿋꿋할 수 있도록 자비로우신 아버지와 모든 위로의 하느님(2코린 1,3)께 탄식하고 울면서 기도하곤 했다.

---

[127] 반달족은 아우구스티누스가 세상을 떠나기 석 달 전쯤인 430년 봄에 히포 시를 포위했고(『아우구스티누스의 생애』 29,3), 그 포위 기간은 열넉 달 동안 이어졌다(『아우구스티누스의 생애』 28,12). 그러나 언제 그 포위가 풀렸는지는 알 수 없다. 포시디우스의 증언에 따르면 반달족은 히포 시를 함락하고 불 질렀다. 그러나 도시가 완전히 파괴되지는 않은 것 같다. 왜냐하면 히포 도서관도 살아남았기 때문이다(『아우구스티누스의 생애』 18,10). 이미 436년에 히포는 누미디아 지방의 반달족 수도가 되었을 뿐 아니라, 겐세리쿠스 왕의 거처가 있었다는 사실로 미루어 볼 때, 이 도시가 완파되지는 않았으리라 추정할 수 있다.

[128] 플로티누스의 『엔네아데스』(*Enneades*) 1,4,7에 들어 있는 대목이다. 아우구스티누스는 수차례에 걸쳐 플로티누스의 이 구절을 인용한다(『설교』 81,9; 『신국론』 2,2).

29

1. Et forte provenit, ut una cum eodem ad mensam constituti et inde fabulantes, nobis diceret: «Noveritis me hoc tempore nostrae calamitatis id Deum rogare, ut aut hanc civitatem ab hostibus circumdatam liberare dignetur, aut, si aliud ei videtur, suos servos ad perferendam suam voluntatem fortes faciat, aut certe ut sese de hoc saeculo ad se adcipiat». **2.** Quae ille dicens nosque instruens, deinceps cum eodem et nobis et nostris omnibus et ipsis qui in eadem fuerant civitate, a summo Deo similiter petebamus. **3.** Et ecce tertio illius obsidionis mense decubuit febribus, et illa ultima exercebatur aegritudine. Nec suum sane Dominus famulum fructu suae precis fraudavit: nam et sibi ipsi et eidem civitati, quod lacrimosis deposcit precibus, in tempore inpetravit. **4.** Novi quoque eumdem et presbyterum et episcopum pro quibusdam energuminis patientibus ut oraret rogatum, eumque in oratione lacrimas fundentem Deum rogasse, et daemones ab hominibus recessisse. **5.** Itemque ad aegrotantem et lecto vacantem quemdam cum suo aegroto venisse et rogavisse, ut eidem manum inponeret, quo sanus esse posset; respondisse, si aliquid in his posset, sibi hoc utique primitus praestitisset; et illum dixisse visitatum se fuisse sibique per somnium dictum esse: «Vade ad Augustinum episcopum, ut eidem manum inpo-

---

◀129 418년부터 아프리카 전체를 방어하는 책임을 맡고 있었으며, 아우구스티누스와도 편지를 주고받던 사이였다. 420년에 '아프리카의 방백'(comes Africae)에 임명되었다. 한때 황실과의 불화로 자리에서 물러나기도 했으나, 반달족이 침입하자 복직되었다. 북아프리카

제29장. 투병 생활의 시작

1. 한번은, 우리가 아우구스티누스와 함께 식사를 하면서 이 주제에 관해 이야기하고 있을 때, 이렇게 말씀하셨다. "우리가 겪고 있는 이 재앙의 시기에 나는 하느님께 기도합니다. 이 도시가 적들의 굴레에서 해방될 수 있도록 기도합니다. 그러나 하느님의 계획이 이와 다르다면, 당신 종들에게 하느님의 뜻을 이루어 낼 수 있는 굳센 힘을 주시거나, 아니면 저를 이 세상에서 거두어 당신 곁에 받아들여 달라고 기도한다는 것을 알아주기 바랍니다." **2.** 그분께서는 이렇게 우리에게 말씀하시며 가르치셨고, 그때부터 우리는 그분과 우리 모든 신자와 도시의 주민들과 함께 지극히 높으신 하느님께 똑같은 기도를 바쳤다. **3.** 포위된 지 석 달째 되던 날, 아우구스티누스께서는 열병으로 드러누우셨다. 이것은 그분께서 마지막으로 앓으신 병이었다. 주님께서는 그 기도의 열매를 당신 종에게서 앗아 가지 않으셨다. 그분은 당신 자신과 그 도시를 위하여 눈물 섞인 기도를 때에 맞춰 바치고 계셨다. **4.** 또한 그분은 사제로 계실 때나 주교로 계실 때나 악령이 들어 고통받는 사람들을 위해 기도해 달라는 부탁을 받으시면, 기도 중에 눈물을 흘리며 하느님께 은총을 청하셨고, 결국 악령이 그 사람들에게서 떠나갔다는 사실을 나는 알고 있다. **5.** 이와 마찬가지로, 그분께서 앓아누워 계실 때에도 누군가 자신의 병든 친척을 그분께 데리고 와서 치유를 위한 안수를 청하였다. 아우구스티누스께서는 당신께서 이러한 일을 하는 능력을 가졌더라면, 가장 먼저 당신 자신을 위해서 그 능력을 사용했을 것이라고 그에게 대답하셨다. 그러나 그 사람은 자기가 꿈속에서 환시를 보았는데, "아우구스티누스 주교에게 가서 안수를 받으면 나을 것이다"라고 말하더라는 것

마지막 보루였던 히포를 열넉 달 동안 지켜 냈고, 히포가 함락되자 황제의 명을 받고 로마로 건너가 싸우다가 432년에 전사했다.

nat, et salvus erit». Quod dum comperisset, facere non distulit, et illum infirmum continuo Dominus sanum ab eodem discedere fecit.

30

1. Interea reticendum minime est, cum memorati inpenderent hostes, a sancto viro nostro coepiscopo Thiabensis ecclesiae Honorato litteris fuisse consultum, utrumnam, illis adventantibus ecclesiis, episcopis vel clericis recedendum esset necne, eique rescriptis insinuasse quid magis ab illis Romaniae eversoribus esset metuendum. **2.** Quam eius epistulam huic scripturae inserere volui; est enim sacerdotum Dei et ministrorum moribus valde utilis et necessaria.

3. «Sancto fratri et coepiscopo Honorato Augustinus in Domino salutem.

Caritati tuae misso exemplo epistulae, quam fratri Quodvultdeo nostro coepiscopo scripsi, putabam me hoc onere caruisse, quod mihi inposuisti, quaerendo consilium, quid in his periculis, quae tempora nostra invenerunt, facere debeatis. **4.** Quamvis enim epistulam illam breviter scripserim, nihil me tamen praetermisisse ar-

---

130 포시디우스는 단 한 번도 아우구스티누스의 초능력이나 요상한 기적에 관해서 말하지 않는다. 여기서 전하고 있는 치유 사건은 안수와 기도로써 환자들을 고쳐 주었다는 성경의 증언들을 떠올리게 할 뿐이다.

131 아우구스티누스는 이 편지를 이미 동료 주교 쿠오드불트데우스에게 써 보낸 바 있다. 그러나 얼마 후, 티아베나의 주교 호노라투스가 적들이 쳐들어올 때 사목자들은 어떻게 처신해야 하는지 물어 왔다. 이에 아우구스티누스는 앞서 쿠오드불트데우스에게 보냈던 편지에 인사말을 덧붙여 호노라투스에게 보냈다. 그렇다면 포시디우스는 왜 이 편지를 「아우구스티

이다. 이 사실을 알고 그분은 망설임 없이 (안수를) 해 주셨다. 주님께서는 즉시 그 환자를 낫게 해 주셨고, 환자는 그분을 떠나갔다.[130]

제30장. 참된 사목자에 대한 가르침의 편지

1. 내가 결코 침묵할 수 없는 일이 한 가지 있다. 티아베나 교회의 우리 동료 주교이며 거룩한 인물인 호노라투스는 적들의 위협이 거세어지자 아우구스티누스께 편지를 써서, 적들이 교회에 가까이 쳐들어오면 주교나 성직자들은 교회를 버려야 하는지 말아야 하는지를 물어 왔다. 아우구스티누스께서는 로마 세계를 파괴하고 있는 이들에게서 더 두려워해야 할 것이 무엇인지를 그에게 보낸 답장에서 일러 주셨다. **2.** 이 편지는 하느님의 사제들과 성직자들의 생활에 매우 유익하고 필요한 것이기에, 나는 이 작품에 그분의 편지를 덧붙이고 싶었다.[131]

3. «나 아우구스티누스는 거룩한 형제이며 동료 주교인 호노라투스에게 주님 안에서 문안합니다.

내가 우리 동료 주교인 쿠오드불트데우스 형제에게 쓴 편지[132] 사본을 사랑하는 그대에게 보냄으로써, 그대가 나에게 지운 짐을 벗었다고 생각합니다. 그 짐이란 우리 시대가 맞닥뜨리고 있는 이 위험 속에서 어떻게 처신해야 하는지 나에게 조언을 구한 것이었습니다. **4.** 내가 비록 그 편지를 짧게 쓰기는 했지만, 대답하는 사람이 말해야 할 것과 묻는 사람이 들

누스의 생애』에 덧붙였을까? 칼라마 교구의 백성과 함께 히포에 피신해 있던 자신의 처지를 합리화하기 위해서였을까? 아마도, 전쟁과 박해 시기에 고난을 겪고 있는 수많은 사목자들에게 "매우 유익하고 필요한"(valde utilis et necessaria) 아우구스티누스의 가르침을 일깨워 주고, 위로와 용기를 주기 위해서 그랬을 것이다(『아우구스티누스의 생애』 30,2). 이 편지는 아우구스티누스의 서간집에도 들어 있다(『편지』 228).

132 이 편지는 오늘날까지 전해지지 않고, 다만 아우구스티누스가 호노라투스에게 베껴 보낸 편지만 남아 있다(『편지』 228).

bitror, quod et respondenti dicere et quaerenti audire sufficeret; quandoquidem dixi, nec eos esse prohibendos, qui ad loca, si possunt, munita migrare desiderant, et ministerii nostri vincula, quibus nos Christi caritas adligavit, ne deseramus ecclesias, quibus servire debemus, non esse rumpenda. **5.** Ista quippe verba sunt, quae in illa epistula posui: "Restat ergo", inquam, "ut nos, quorum ministerium quantulaecumque plebi Dei, ubi sumus, manenti ita necessarium est, ut sine hoc eam non oporteat remanere, dicamus Domino: 'Esto nobis in Deum protectorem et in locum munitum'".

6. Sed hoc consilium tibi propterea non sufficit, ut scribis, ne contra Domini praeceptum vel exemplum facere nitamur, ubi fugiendum esse de civitate in civitatem monet; recolimus enim verba dicentis: "Cum autem persequentur vos in civitate ista, fugite in aliam". **7.** Quis autem credat ita hoc Dominum fieri voluisse, ut necessario ministerio, sine quo vivere nequeunt, desererentur greges, quos suo sanguine comparavit? **8.** Numquid hoc fecit ipse, quando portantibus parentibus in Aegyptum parvulus fugit, qui nondum ecclesias congregaverat, quas ab eo desertas fuisse dicamus? **9.** Numquid quando Apostolus Paulus, ne illum comprehenderet inimicus, per fenestram in sporta submissus est et effugit manus eius, deserta est quae ibi erat ecclesia necessario ministerio, et non ab aliis fratribus ibidem constitutis quod oportebat inpletum est? Eis quippe volentibus hoc Apostolus fecerat, ut se ipsum ser-

어야 할 것을 충분히 적어, 그 무엇도 빠뜨리지 않았다고 여깁니다. 할 수만 있다면, 사람들이 요새로 피신하기를 원할 경우 금하지 말아야 한다고 내가 말한 바 있습니다. 그러나 그리스도의 사랑이 우리를 엮어 만들어 주신 우리 직무의 사슬을 끊어 버려서도 안 되며, 우리가 섬겨야 하는 교회를 저버려서도 안 됩니다. **5.** 그 편지에서 나는 이런 말을 했습니다. "우리(성직자)가 있는 곳에 남아 있는 하느님 백성이 아무리 적다 할지라도, 우리 직무가 그들에게도 꼭 필요하며 없어서는 안 되는 것이라면, 주님께 아룁시다. '당신께서 저희의 보호자 하느님이 되어 주시고, 든든한 보루가 되어 주소서!'"(시편 31,3)

6. 그러나 이러한 조언이 그대에게는 넉넉지 않은 듯합니다. 왜냐하면 편지에도 썼듯이 그대는 이 고을 저 고을로 피해 다니라고 권고하시는 주님의 계명이나 모범을 우리가 거슬러 행하는 것은 아닌지 염려하고 있기 때문입니다. (주님께서) 들려주시는 말씀을 기억합시다. "어떤 고을에서 너희를 박해하거든 다른 고을로 피하여라"(마태 10,23). **7.** 그러나 당신 피로 얻으신 양 떼들이 살아가는 데 꼭 필요한 직무가 없어지기를 바라셨기에 주님께서 이런 말씀을 하신 것이라 여길 사람이 어디 있겠습니까? **8.** 당신 스스로도 이렇게 피신하셨습니다. 갓난아기 때 부모에게 안겨 이집트로 피신하지 않으셨습니까? 그러나 그때는 주님께서 아직 교회들을 모아들이지 않으셨으니, 주님께서 교회를 저버리셨다고 말할 수 있겠습니까? **9.** 바오로 사도께서도 원수에게 잡히지 않기 위해서 광주리에 담겨서 창문으로 내려지셨고, 원수의 손에서 벗어나셨습니다(참조: 사도 9,25; 2코린 11,32-33). 그렇다고 거기 있던 교회에 필요한 직무가 없어졌습니까? 또 거기 남아 있던 다른 형제들이 필요한 일들을 완수할 수 없었습니까? 사도께서는 형제들이 원했기 때문에 그렇게 행하신 것인데, 박해자가 특별히 찾고 있던 당

varet ecclesiae, quem proprie persecutor ille quaerebat. **10.** Faciant ergo servi Christi, ministri verbi et sacramenti eius, quod praecepit sive permisit. Fugiant omnino de civitate in civitatem, quando eorum quisquam specialiter a persecutoribus quaeritur, ut ab aliis, qui non ita requiruntur, non deseratur ecclesia, sed praebeant cibaria conservis suis, quos aliter vivere non posse noverunt. **11.** Cum autem omnium, id est episcoporum et clericorum et laicorum, est commune periculum, hi qui aliis indigent non deserantur ab his quibus indigent. Aut igitur ad loca munita omnes transeant, aut, qui habent remanendi necessitatem, non relinquantur ab eis, per quos illorum est ecclesiastica supplenda necessitas, ut aut pariter vivant, aut pariter sufferant quod eos paterfamilias volet perpeti.

12. Quod si contigerit, ut, sive alii maius alii minus, sive omnes aequaliter, patiantur, qui eorum sint, qui pro aliis patiuntur, adparet, illi scilicet qui, cum se possent talibus malis eripere fugiendo, ne aliorum necessitatem desererent, manere maluerunt. Hinc maxime probatur illa caritas, quam Ioannes Apostolus commendat dicens: "Sicut Christus pro nobis animam suam posuit, sic et nos debemus animas pro fratribus ponere". **13.** Nam qui fugiunt, vel suis devincti necessitatibus fugere non possunt, si comprehensi patiantur, pro se ipsis, non pro fratribus utique patiuntur. Qui vero propterea pa-

신 자신을 (교회의 유익을 위하여) 교회 안에 보존하기 위한 것이었습니다. **10.** 그러므로 주님 말씀과 성사의 봉사자인 그리스도의 종들은 그분께서 명하시거나 허락하신 대로 행해야 합니다. 누군가 박해자들에게 특별히 지목되어 쫓기고 있을 때에는 당연히 이 고을 저 고을로 피해 다녀야 합니다. 그러나 그렇게 쫓기지 않는 다른 성직자들은 교회를 버리지 말고 자신들과 함께 (하느님을) 섬기는 동료들에게 양식을 제공해 주어야 합니다. 그렇지 않고서는 그 사람들이 살아갈 수 없기 때문입니다. **11.** 그러나 주교와 성직자와 평신도 모두 똑같이 위험에 처해 있을 때, 다른 사람들을 돌보아야 할 직무를 지닌 사람들(주교와 성직자)은 자신들을 필요로 하는 사람들(하느님 백성)을 저버려서는 안 됩니다. 모두 함께 요새로 옮겨가십시오. 혹시 어쩔 수 없이 남아야 하는 사람들이 있다면 교회 생활에 필요한 것을 제공해야 하는 성직자들은 그들을 그냥 남겨 두어서는 안 됩니다. 함께 살아남거나 공동체의 아버지(하느님)께서 그들에게 내리고자 하시는 고통을 함께 겪어야 합니다.

12. 어떤 사람은 더 많은 고통을 겪고, 어떤 사람은 고통을 덜 겪기도 하며, 또는 모두가 똑같은 고통을 겪기도 할 것입니다. 그들 가운데는 분명 다른 사람들을 위하여 고난을 겪는 사람들도 있을 것입니다. 그들은 피신하여 이러한 고난을 피할 수 있었음에도, 다른 사람들이 필요로 하는 바를 저버리지 않기 위하여 남아 있기를 더 원했던 것입니다. 이것은 사도 요한께서 다음과 같이 권고한 사랑의 가장 큰 증거입니다. "그리스도께서 우리를 위하여 당신 목숨을 내놓으셨듯이 우리도 형제들을 위하여 목숨을 내놓아야 합니다"(1요한 3,16). **13.** 피신하는 사람들이나 자신이 얽매여 있는 일 때문에 피신할 수 없는 사람들이 붙잡혀 고통을 겪는다면, 그들은 자기 때문에 고통을 겪는 것이지 형제들을 위하여 고통을 겪는 것은 아닙니다.

tiuntur, quia fratres, qui eis ad Christianam salutem indigebant, deserere noluerunt, sine dubio suas animas pro fratribus ponunt.

14. Unde illud, quod episcopum quemdam dixisse audivimus: "Si Dominus nobis imperavit fugam in eis persecutionibus, ubi potest fructus esse martyrii, quanto magis debemus fugere steriles passiones, quando est barbaricus et hostilis incursus!", verum est quidem et adceptabile, sed his quos ecclesiastici officii non tenent vincula. **15.** Nam qui clades hostiles ideo non fugit, cum possit effugere, ne deserat ministerium Christi, sine quo non possunt homines vel fieri vel vivere Christiani, maiorem caritatis invenit fructum quam qui non propter fratres, sed propter se ipsum fugiens atque comprehensus non negat Christum suscipitque martyrium.

16. Quid est ergo quod in epistula tua priore posuisti? Dicis enim: "Si in ecclesiis persistendum est, quid simus nobis vel populo profuturi non video, nisi ut ante oculos nostros viri cadant, feminae constuprentur, incendantur ecclesiae, nos ipsi tormentis deficiamus, cum de nobis quaeritur quod non habemus". **17.** Potens est quidem Deus audire preces familiae suae et haec, quae formidantur, avertere; nec ideo tamen propter ista, quae incerta sunt, debet esse nostri officii certa desertio, sine quo est plebi certa pernicies, non in rebus vitae huius, sed alterius, quae incomparabiliter dili-

그러나 그리스도인의 구원을 위하여 자신들을 필요로 하는 형제들을 저버리지 않겠다는 결심 때문에 고난을 겪는 사람들은, 의심할 나위 없이 자기 생명을 형제들을 위하여 내놓는 사람들입니다.

14. 우리는 다음과 같이 말하는 어떤 주교의 이야기를 들은 적이 있습니다. "순교의 열매를 얻을 수 있는 그 박해에서조차 피신하라고 주님께서 우리에게 명하셨다면, 잔인한 야만족과 적들이 쳐들어올 때 우리는 무익한 고통을 더 잘 피해야 하지 않겠습니까!" 이는 참되고 받아들일 만한 말이지만, 교회 직무에 매이지 않은 사람들에게 있어서 그렇습니다. **15.** 어떤 사람이 적들의 만행을 피할 수 있으면서도 그리스도의 직무를 저버리지 않기 위해서 피신하지 않았다고 합시다. 사실 이 직무(에 봉사하는 이가) 없이는 그리스도인이 될 수도 없고 또 그리스도인으로 살아갈 수도 없습니다. 그런 사람은, 형제들이 아니라 자신을 위해 피신했다가 나중에 붙잡혀서 그리스도를 부인하지 않고 순교한 사람보다 더 큰 사랑의 열매를 맺은 사람입니다.

16. 그대가 앞의 편지에서 무어라고 썼습니까? 그대는 이렇게 말합니다. "우리가 교회에 남아 있어야 한다고 합시다. 눈앞에서 남자들이 쓰러지고, 여인들은 겁탈당하며, 교회는 불타고, 우리 스스로도 고문으로 쓰러질 때, 사람들이 우리가 지니지 못한 것을 우리에게서 찾는다면, 우리가 우리 자신에게나 백성들에게나 무슨 도움이 될는지 저는 알 길이 없습니다." **17.** 하느님께서는 당신 가족들의 기도에 귀 기울여 주실 수 있고, 우리가 두려워하는 악을 멀리해 주실 수 있는 분이십니다. 그러므로 (장차 있을지 없을지) 불확실한 이 악으로 말미암아 우리 직무를 확실히 포기해서는 안 될 일입니다. 그 직무 없이는 이승의 삶에서가 아니라, 비할 데 없이 더 성실하고 더 정성스레 돌보아야 하는 저승의 삶에서 백성들이 확실

gentius sollicitiusque curanda est. **18.** Nam si certa essent ista mala, quae timentur ne in locis, in quibus sumus, forte contingant, prius inde fugerent omnes, propter quos ibi manendum est, et nos a manendi necessitate liberos redderent; non enim quisquam est qui dicat ministros manere oportere, ubi iam non fuerint quibus necesse sit ministrare. **19.** Ita quidam sancti episcopi de Hispania profugerunt, prius plebibus partim fuga lapsis, partim peremptis, partim obsidione consumptis, partim captivitate dispersis; sed multo plures, illic manentibus propter quos manerent, sub eorumdem periculorum densitate manserunt. Et si aliqui deseruerunt plebes suas, hoc est quod dicimus fieri non debere. Neque enim tales docti auctoritate divina, sed humano vel errore decepti vel timore sunt victi.

20. Cur enim sibi putant indifferenter obtemperandum esse praecepto, ubi legunt in civitatem de civitate esse fugiendum, et mercennarium non exhorrent, qui videt lupum venientem et fugit, quoniam non est ei cura de ovibus? Cur non istas duas dominicas verasque sententias, unam scilicet, ubi fuga sinitur aut iubetur, alteram, ubi arguitur atque culpatur, sic intellegere student, ut inter se repperiantur non esse contrariae, sicut non sunt? **21.** Et hoc quomodo repperitur, nisi adtendatur, quod iam superius disputavi, tunc de locis, in quibus sumus, premente persecutione fugiendum esse Christi ministris, quando ibi aut plebs Christi non fuerit, cui ministretur, aut potest inpleri per alios necessarium ministerium, quibus

히 멸망하게 됩니다. **18.** 사실, 우리가 두려워하는 이러한 악이 우리가 살고 있는 곳에 덮칠 것임이 분명하다면, 우리가 함께 머물러 주어야 할 모든 사람은 우선 피신해야 합니다. 그리하면 우리는 거기 남아 있어야 할 의무에서 자유롭게 됩니다. 사실, 섬겨야 할 사람이 이미 아무도 없는 곳에 성직자들이 남아 있어야 한다고 말할 사람은 아무도 없습니다. **19.** 그래서 몇몇 거룩한 주교들은 에스파냐로부터 피난길에 오르기도 했습니다. 왜냐하면 신자들 가운데 더러는 피난으로 흩어져 버렸고, 더러는 살해당했으며, 더러는 포위 기간에 죽었고, 더러는 감옥에 갇혀 버렸기 때문입니다. 그러나 훨씬 많은 주교들은 커다란 위험을 무릅쓰고 자신들이 함께 머물러야 할 남은 자들을 위해 남아 있었습니다. 이런 일이 결코 벌어져서는 안 된다고 말해 왔습니다만, 어떤 성직자들이 자기 공동체를 저버렸다고 합시다. 그들은 하느님의 권위로 가르침을 받지 않고, 인간적인 오류에 속아 넘어가거나 두려움에 굴복한 것입니다.

20. 그들은 어찌하여 이 고을 저 고을로 피해 다녀야 한다는 (주님의) 명령에는 그저 순명해야 한다고 여기면서도, 양 떼는 아랑곳하지 않고 늑대가 오는 것을 보자 도망쳐 버리는 삯꾼을 끔찍하게 여기지는 않는 것입니까? 피신을 허락하시거나 명령하시는 주님의 말씀과, 피신을 비난하시고 탓하시는 말씀은 둘 다 주님의 참된 말씀이며, 서로 모순되지 않는데, 그들은 어찌하여 이 두 가지 말씀을 서로 모순되지 않는 방식으로 알아들으려 애쓰지 않는 것입니까? **21.** 내가 앞서 이미 밝힌 것을 되새겨 보지 않는다면 (이 두 가지가 모순되지 않는다는 것을) 어떻게 이해할 수 있겠습니까? 우리가 있는 곳에 박해가 밀어닥친다면, 그리스도의 성직자들은 거기에 더 이상 자신들이 섬길 그리스도의 백성이 없을 때나, 또는 같은 이유로 피신하지 않아도 되는 다른 성직자들이 필요한 직무를 수행할 수 있을

eadem non est causa fugiendi; **22.** sicut in sporta submissus, quod supra memoravi, fugit Apostolus, cum a persecutore ipse proprie quaereretur, aliis utique necessitatem similem non habentibus, a quibus illic ministerium absit ut desereretur ecclesiae; sicut fugit sanctus Athanasius Alexandrinus episcopus, cum eum specialiter adprehendere Constantius cuperet imperator, nequaquam a ceteris ministris deserta plebe catholica, quae in Alexandria commanebat. **23.** Cum autem plebs manet, et ministri fugiunt ministeriumque subtrahitur, quid erit nisi mercennariorum illa fuga damnabilis, quibus non est cura de ovibus? Veniet enim lupus, non homo, sed diabolus, qui plerumque fideles apostatas esse persuasit, quibus cotidianum ministerium dominici corporis defuit; et peribit infirmus in tua non scientia sed ignorantia frater, propter quem Christus mortuus est.

24. Quod autem ad eos adtinet, qui in hac re non falluntur errore, sed formidine superantur, quare non potius contra suum timorem Domino miserante atque adiuvante fortiter dimicant, ne mala sine comparatione graviora, quae multo amplius sunt tremenda, contingant? **25.** Fit hoc ubi Dei caritas flagrat, non mundi cupiditas fumat. Caritas enim dicit: "Quis infirmatur, et ego non infirmor? Quis scandalizatur, et ego non uror?". Sed caritas ex Deo est. Oremus ergo ut ab illo detur, a quo iubetur. Et per hanc magis timeamus, ne oves Christi spiritalis nequitiae gladio in corde quam ne ferro in corpore trucidenturi ubi quandocumque quocumque mortis genere

때에야 비로소 피신해야 합니다. **22.** 내가 앞서 상기시켜 드린 대로, (바오로) 사도께서도 당신 자신이 박해자에게 지목되셨을 때 광주리를 타고 아래로 내려와 피신하셨습니다. 그러나 다른 사람들은 이와 비슷한 (이유로 피신할) 필요가 없었으므로, 거기서 교회의 직무를 저버리지 않았습니다. 알렉산드리아의 주교 아타나시우스 성인께서도 이처럼 피신하셨는데, 그것은 콘스탄티우스 황제가 그분을 특별히 지목하여 체포하려 했기 때문입니다. 그러나 다른 성직자들은 알렉산드리아에 남아 있던 가톨릭 공동체를 저버리지 않았습니다. **23.** 그러나 공동체가 남아 있는데도 성직자들이 피신하여 (교회) 직무가 없어져 버린다면, 그것은 양 떼들을 돌보지 않는 삯꾼들의 단죄받을 도주가 아니고 무엇이겠습니까? 사실, 늑대가 올 터인데 그는 사람이 아니라 악마입니다. 그자는 주님의 몸을 날마다 받아 모실 수 없는 신자들로 하여금 배교하도록 집요하게 꼬드길 것입니다. 그 약한 형제는 그대의 지식 때문이 아니라 무지 때문에 멸망할 것인데, 그리스도께서는 바로 그 사람을 위하여 돌아가셨습니다.

24. 그러나 이런 식의 오류에 속아 넘어가지는 않았지만, 두려움에 굴복한 사람들에 관해서 생각해 봅시다. 왜 그들은 자비로우신 주님의 도움으로 자신들의 두려움에 맞서 용감하게 싸우지 못하고, 훨씬 더 두려워해야 할 비할 데 없이 무거운 악을 피하지 못합니까? **25.** 이런 일은 하느님께 대한 사랑이 불타고 세상에 대한 탐욕이 연기를 뿜지 않는 곳에서 이루어집니다. 사랑은 말합니다. "누가 약해지면 나도 약해지지 않겠습니까? 누가 걸려 넘어지면 나도 분개하지 않겠습니까?"(2코린 11,29). 그러나 사랑은 하느님으로부터 옵니다. 우리에게 (사랑을) 명하시는 그분께 (사랑을) 받을 수 있도록 기도합시다. 우리는 언젠가 어떤 식으로든 죽어야 할 육신이 칼에 맞아 살해되는 것을 두려워하기보다, 악령의 칼에 그리스도의 양 떼들

moritur, sunt. **26.** Magis timeamus, ne sensu interiore corrupto pereat castitas fidei quam ne feminae violenter constuprentur in carne; qua violentia non violatur pudicitia, si mente servatur; quoniam nec in carne violatur, quando voluntas patientis sua turpiter carne non utitur, sed sine consensione tolerat quod alius operatur. **27.** Magis timeamus, ne lapides vivi exstinguantur deserentibus nobis quam ne lapides et ligna terrenorum aedificiorum incendantur praesentibus nobis. Magis timeamus, ne membra corporis Christi destituta spiritali victu necentur quam ne membra corporis nostri obpressa hostili impetu torqueantur. **28.** Non quia ista non sunt vitanda, cum possunt, sed quia potius ferenda sunt, quando vitari sine inpietate non possunt. Nisi forte quisquam contenderit non esse ministrum inpium, qui tunc subtrahit ministerium pietati necessarium, quando magis est necessarium.

29. An non cogitamus, cum ad istorum periculorum pervenitur extrema, nec est potestas ulla fugiendi, quantus in ecclesia fieri soleat ab utroque sexu atque ab omni aetate concursus, aliis baptismum flagitantibus, aliis reconciliationem, aliis etiam paenitentiae ipsius actionem, omnibus consolationem et sacramentorum confectionem et erogationem? **30.** Ubi si ministri desint, quantum exitium sequitur eos qui de isto saeculo vel non regenerati exeunt vel ligati! Quantus est etiam luctus fidelium suorum, qui eos secum in

의 영혼이 상하는 것을 더 두려워합시다. **26.** 여인들이 육체적으로 겁탈당하는 것보다, 내적 감각이 썩어 믿음의 순수성을 잃어버리는 것을 더 두려워합시다. 정결이 마음속에 간직되어 있기만 하다면, 정결은 이러한 폭력에 상처 입지 않습니다. 왜냐하면, 겁탈당하는 사람의 의지가 자기 육신을 음탕하게 사용하지 않으면서, 타인의 행위에 동의하지 않고 참아 낸다면, 육신으로도 상처 입지 않기 때문입니다. **27.** 우리 눈앞에서 지상 건물의 돌과 나무가 불타는 것을 두려워하기보다, 우리들이 내버린 "살아 있는 돌"(1베드 2,5)들의 불이 꺼지는 것을 더 두려워합시다. 우리 육신의 지체가 적들의 횡포에 억압당하고 고문당하는 것을 두려워하기보다, 영적 양식이 떨어져 그리스도의 몸의 지체가 죽어 가는 것을 더 두려워합시다. **28.** 가능할 경우에도 이러한 (악을) 피하지 말아야 한다는 것은 아닙니다. 다만 불경스럽지 않게 피할 수 없을 경우에는 그냥 견디어 내야 한다는 것입니다. 적어도 영적 생활에 필요한 자신의 직무를 가장 필요한 순간에 저버리는 성직자가 불경스럽지 않다고 주장하지 않는 한 말입니다.

29. 이러한 위험이 절정에 달해 도저히 피신할 수 없는 때를 생각해 봅시다. 남녀노소 가릴 것 없이 수많은 사람들이 교회로 모여들어, 어떤 사람들은 세례를 청하고, 어떤 사람들은 화해성사를 청하고, 또 어떤 사람들은 자신의 참회 행위[133]를 하면서, 모든 이가 성사를 거행하고 받음으로써 위로를 얻지 않겠습니까? **30.** 여기에 성직자들이 없다면 세례 받거나 죄의 용서를 받지 않은 채 이승을 떠나는 사람들에게 얼마나 큰 손실이 따르겠습니까! 그렇게 죽은 이들이 자신들과 함께 영원한 생명의 안식을 누릴 수

---

[133] 공적 참회를 일컫는다. 고대 교회에서 세례를 받은 후 큰 죄를 지은 사람들은, 통상 공적 참회 기간을 지낸 다음 장엄한 화해성사를 통하여 교회에 다시 받아들여졌다(파울리누스, 『암브로시우스의 생애』 39,1). 그러나 긴급 상황이나 죽음 앞에서는 조건 없이 받아들여졌다.

vitae aeternae requiem non habebunt! Quantus denique gemitus omnium, et quorumdam quanta blasphemia, de absentia ministeriorum et ministrorum! Vide quid faciat malorum temporalium timor, et quanta in eo sit adquisitio malorum aeternorum. **31.** Si autem ministri adsint, pro viribus, quas eis Dominus subministrat, omnibus subvenitur: alii baptizantur, alii reconciliantur, nulli dominici corporis communione fraudantur, omnes consolantur, aedificantur, exhortantur ut Deum rogent, qui potens est omnia quae timentur avertere, parati ad utrumque, ut, si non potest ab eis calix iste transire, fiat voluntas eius, qui mali aliquid non potest velle.

32. Certe iam vides, quod te scripseras non videre, quantum boni consequantur populi Christiani, si in praesentibus malis non eis desit praesentia ministrorum Christi; quorum vides etiam quantum obsit absentia, dum sua quaerunt, non quae Iesu Christi, nec habent illam de qua dictum est: "Non quaerit quae sua sunt", nec imitantur eum qui dixit: "Non quaerens quod mihi utile est, sed quod multis, ut salvi fiant". **33.** Qui etiam persecutoris principis illius insidias non fugisset, nisi se aliis, quibus necessarius erat, servare voluisset. Propter quod ait: "Compellor autem ex duobus, concupiscentiam

없다는 사실 때문에 신자들은 얼마나 큰 슬픔에 휩싸이겠습니까! 모든 사람들이 얼마나 탄식할 것이며, 그들 가운데 어떤 이들은 성직자가 없고, 성사가 베풀어지지 않는다고 해서 얼마나 하느님을 원망하겠습니까! 일시적인 악에 대한 두려움이 어떤 결과를 낳으며, 그것이 어떻게 영원한 악의 원인이 되어 버리는지 보십시오. **31.** 그러나 성직자들이 있으면, 누구나 주님께서 그들에게 베풀어 주시는 힘으로 도움을 받게 되는데, 어떤 사람들은 세례를 받고, 어떤 사람들은 화해성사를 받으며, 주님의 몸을 받아 모시지 못하는 사람은 아무도 없고, 모두가 위로를 받고 꿋꿋해져서, 모든 두려움을 몰아내 주실 수 있는 하느님께 기도하도록 권고받습니다. 이들은 두 가지 운명을 다 받아들일 준비가 되어 있는데, 이 잔이 그들에게서 치워질 수 없다면, 어떠한 악도 원하실 리 없는 그분의 뜻이 이루어지기를 바랍니다(마태 26,42 참조).

32. (성직자들이 위험 속에서 교회에 남아서 무슨 소용이 있는지) 알지 못하겠노라고 써 보냈던 바를 이미 그대는 확실히 알고 있습니다. 곧, 그리스도의 성직자들이 열악한 상황에서 함께 머물러 있다면 그리스도교 백성들에게 얼마나 유익한지, 또 그들이 없을 경우에 얼마나 큰 해가 있는지 그대는 압니다. (백성을 버리고 도망간) 이들은 예수 그리스도의 일이 아니라, 자신들의 일을 추구함으로써(필리 2,21), "자기 것을 찾지 않는"(1코린 13,5) 사랑도 없고, "나는 많은 사람이 구원을 받을 수 있도록, 내가 아니라 그들에게 유익한 것을 찾습니다"(1코린 10,33)라고 말씀하신 분을 본받으려 하지도 않습니다. **33.** 그분(바오로)께서 자신을 필요로 하는 다른 사람들을 위하여 목숨을 보존하시려는 것이 아니었다면, 박해자였던 그 총독의(2코린 11,32 참조) 책략을 피하지 않으셨을 것입니다. 그 까닭에 그분께서는 이렇게 말씀하십니다. "나는 이 둘 사이에 끼여 있습니다. 나의 바람은 이 세

habens dissolvi et esse cum Christo; multo enim magis optimum; manere in carne necessarium propter vos".

34. Hic fortasse quis dicat ideo debere fugere Dei ministros talibus inminentibus malis, ut se pro utilitate ecclesiae temporibus tranquillioribus servent. Recte hoc fit a quibusdam, quando non desunt alii, per quos suppleatur ecclesiasticum ministerium, ne ab omnibus deseratur; quod fecisse Athanasium supra diximus. Nam quantum necessarium fuerit ecclesiae quantumque profuerit, quod vir ille mansit in carne, catholica fides novit, quae adversus Arrianos haereticos ore illius ef amore defensa est. **35.** Sed quando est commune periculum magisque timendum est, ne quisquam id facere credatur, non consulendi voluntate, sed timore moriendi, magisque fugiendi obsit exemplo quam vivendi prosit officio, nulla ratione faciendum est. **36.** Denique sanctus David, ne se committeret periculis proeliorum, et fortassis exstingueretur, sicut ibi dictum est, lucerna Israhel, a suis hoc petentibus sumpsit, non ipse praesumpsit; alioquin multos imitatores fecisset ignaviae, qui eum crederent hoc fecisse non consideratione utilitatis aliorum, sed suae perturbatione formidinis.

37. Occurrit autem alia quaestio, quam contemnere non debemus. Si enim haec utilitas neglegenda non est, ut aliqui ministri propterea fugiant inminente aliqua vastitate, ut serventur qui minis-

상을 떠나 그리스도와 함께 있는 것입니다. 그편이 훨씬 낫습니다. 그러나 내가 육신 속에 머물러 있는 것이 여러분 때문에 필요합니다"(필리 1,23).

34. 이 점에서 어떤 사람은 이러한 재앙이 밀어닥칠 경우, 하느님의 성직자들은 (박해가) 잦아들 시절에 (필요한) 교회의 유익을 위해서 목숨을 보존해야 하므로 피신해야 한다고 말할 수도 있겠습니다. 그들 대신 교회의 직무를 수행할 수 있는 다른 사람들이 부족하지 않고, 그 직무가 모든 이로부터 내팽개쳐지지 않을 때는 정당하게 그리 처신할 수 있겠습니다. 앞서 말한 것처럼, 아타나시우스께서 그렇게 하셨습니다. (그분께서 목숨을 보존하시어) 육신 속에 머물러 계신 것이 얼마나 교회에 필요했고 유익했는지는, 아리우스 이단에 맞서 그분의 입과 사랑으로 보호된 가톨릭 신앙이 알고 있습니다. **35.** 그러나 위험이 모든 이에게 밀어닥치고 공포가 더욱 커질 때, 다른 사람들을 돌보려는 뜻에서가 아니라, 죽음에 대한 두려움으로 행동하는 듯이 보인다면, 그 사람은 직무를 위해 살아남아서 도움을 주기보다 도주의 악표양으로 훨씬 더 많은 해를 끼치게 되므로, 어떤 이유로도 그리 처신해서는 안 됩니다. **36.** 성경이 들려주는 대로, 다윗 성인께서도 이스라엘의 등불을 꺼뜨리지 않도록 위험한 싸움터에 나가지 않으셨습니다. 그러나 이것은 당신 스스로 주도하신 것이 아니라, 당신 부하들의 요청을 받아들이신 것입니다(2사무 21,17). 그렇지 않았다면 다윗이 다른 사람들의 유익을 위해서가 아니라, 단지 스스로 겁에 질려서 그렇게 행동했으리라 여긴 많은 사람들은 그의 비겁함을 본받았을 것입니다.

37. 그러나 우리가 소홀히 하지 말아야 할 또 다른 문제가 있습니다. 적들의 침략이 임박했을 때, 그 재앙이 끝난 다음에도 살아남아 있을 사람들을 섬길 수 있는 그 누군가를 보존할 목적으로 성직자들이 피신하는 것은 유익하다는 사실을 간과해서는 안됩니다. 성직자들 가운데 누군가가 피신

trent eis, quos post illam cladem residuos potuerint invenire, quid fiet, ubi omnes videntur interituri, nisi aliqui fugiant? **38.** Quid si enim hactenus saeviat illa pernicies, ut solos ministros ecclesiae persequatur, quid dicemus? An relinquenda est a ministris fugientibus ecclesia, ne a morientibus miserabilius relinquatur? Sed si laici non quaeruntur ad mortem, possunt occultare quoquo modo episcopos et clericos suos, sicut ille adiuverit, in cuius potestate sunt omnia, qui potest et non fugientes per mirabilem conservare potentiam. **39.** Sed ideo quaerimus, quid nos facere debeamus, ne in omnibus exspectando divina miracula temptare Dominum iudicemur. Non quidem talis est ista tempestas, quando laicorum et clericorum est commune periculum, sicut in navi una commune periculum est mercatorum atque nautarum. Verum absit, ut tanti pendenda sit haec navis nostra, ut debeant eam nautae, et maxime gubernator, periclitantem deserere, etiam si in scapham transiliendo vel etiam natando possint effugere. **40.** Quibus enim metuimus ne nostra desertione pereant, non temporalem mortem, quae quandoque ventura est, sed aeternam, quae potest, si non caveatur, venire, et potest, si caveatur, etiam non venire, metuimus. **41.** In communi autem periculo vitae huius cur existimemus, ubicumque fuerit hostilis incursus, omnes clericos et non etiam omnes laicos esse morituros, ut simul finiant hanc vitam, cui sunt clerici necessarii? Aut cur non speremus, sicut aliquos laicos, sic etiam clericos remansuros, a quibus eis necessarium ministerium valeat exhiberi?

하지 않을 경우 모든 성직자가 다 죽게 되리라고 예상된다면 어찌해야 하겠습니까? **38.** 그 재앙이 오로지 교회의 성직자들을 박해할 목적으로 맹위를 떨치게 된다면 무어라고 말하겠습니까? 교회가 비참하게 죽어 가는 성직자들에게 버림받지 않기 위해서, 도망가는 성직자들에게 버림받아야 하겠습니까? 평신도들이 잡혀 죽지 않는다면, 그들은 갖은 방법으로 자신들의 주교들과 성직자들을 숨겨 줄 수 있고, 모든 것에 대한 권한을 지니고 계신 그분께서 도와주시어, 피신하지 않은 사람들마저도 놀라운 능력으로 지켜 주실 수 있을 것입니다. **39.** 그러나 매사에 하느님의 기적을 기대하면서 주님을 시험하는 듯이 비쳐져서는 안 되겠습니다. 그러려면 우리가 어떻게 처신해야 하는지 여쭈어야 합니다. 이 폭풍 속에서 평신도들과 성직자들이 함께 겪고 있는 위험은, 장사꾼들과 선원들이 한배에서 함께 겪는 위험과는 다릅니다. 위험에 처했다고 해서, 우리들의 이 배가 선원들이나 심지어 선장마저도 내팽개쳐 버려야만 하는 그런 하찮은 것이라 여기고 싶지 않습니다. 비록 구조선에 올라타거나 헤엄쳐서 도망갈 수 있다고 해도 말입니다. **40.** 우리가 포기함으로써 사람들이 멸망할까 두렵습니다. 우리가 두려워하는 것은 언젠가 오고야 말 일시적인 죽음이 아니라, 피하지 않으면 올 수도 있고, 피하면 오지 않을 수도 있는 영원한 죽음입니다. **41.** 이승에서 함께 겪는 위험 속에서 왜 우리는 적들이 침범한 모든 곳에서 성직자들만 모두 죽고, 평신도들은 모두 죽지는 않을 것이라고 생각합니까? 그리하여 성직자들은 자신들을 필요로 하는 평신도들과 동시에 이 삶을 끝내야 한다고 여깁니까? 몇몇 평신도들이 살아남으리라 희망하듯이, 그들에게 필요한 직무를 수행해 줄 몇몇 성직자들도 살아남을 수 있다고 왜 희망하지 않는 것입니까?

42. Quamquam o si inter Dei ministros inde sit disceptatio, qui eorum maneant, ne fuga omnium, et qui eorum fugiant, ne morte omnium deseratur ecclesia! Tale quippe certamen erit inter eos, ubi utrique ferveant caritate et utrique placeant caritati. **43.** Quae disceptatio si aliter non potuerit terminari, quantum mihi videtur, qui maneant et qui fugiant sorte legendi sunt. Qui enim dixerint se potius fugere debere, aut timidi videbuntur, quia inminens malum sustinere noluerunt, aut adrogantes, quia se magis, qui servandi essent, necessarios ecclesiae iudicarunt. **44.** Deinde fortassis hi, qui meliores sunt, eligant pro fratribus animas ponere, et hi servabuntur fugiendo, quorum est minus utilis vita, quia minor consulendi et gubernandi peritia. Qui tamen, si pie sapiunt, contradicent eis, quos vident et vivere potius oportere et magis mori malle quam fugere. **45.** Ideo, sicut scriptum est, contradictiones sedat sortitio, et inter potentes definit. Melius enim Deus in huiuscemodi ambagibus quam homines iudicat, sive dignetur ad passionis fructum vocare meliores et parcere infirmis, sive istos facere ad mala perferenda fortiores et huic vitae subtrahere, quorum non potest ecclesiae tantum, quantum illorum, vita prodesse. Res quidem fiet minus usitata, si fiat ista sortitio; sed si facta fuerit, quis eam reprehendere audebit? Quis non eam, nisi inperitus aut invidus, congrua praedicatione laudabit? **46.** Quod si non placet facere, cuius facti non oc-

42. 오! 모든 성직자가 피신하거나 죽게 되어 교회가 내버려지는 일이 없도록 하느님의 성직자들 가운데 누가 남을 것이며, 모두가 죽음을 당하지 않기 위하여 누가 피신할 것인지를 결정하는 토론이 벌어졌으면 합니다! 서로가 사랑으로 불타고, 서로가 사랑이신 분의 마음에 들고자 한다면, 그들 사이에 이러한 경쟁은 분명히 벌어질 것입니다. **43.** 토론이 달리 결론에 이를 수 없다면, 내 생각으로는 누가 남고 누가 피신할 것인지 제비를 뽑아야 한다고 봅니다. 오히려 자기 자신이 피신해야 한다고 말하는 사람은 닥쳐오는 재앙을 견디고 싶어 하지 않는 겁쟁이거나, 자기 자신이 교회에 더 필요한 인물이므로 살아남아야 한다고 여기는 교만한 인물일 것입니다. **44.** 그러므로 더 나은 사람들은 형제들을 위하여 목숨을 내놓는 편을 택할 것이고, 그 삶이 덜 유익한 사람들은 (형제들을) 보살피고 지도하는 자질이 부족한 까닭에 피신함으로써 목숨을 지킬 것입니다. 그럼에도, 이들이 경건하게 사고할 줄 안다면, 피신하기보다 죽기를 더 원하는 사람들이 오히려 (교회를 위해서) 살아남을 필요가 있다는 사실을 깨닫고, 그들을 말려야 할 것입니다. **45.** 그래서 "제비가 분쟁을 끝내고 세도가들 사이를 판가름한다"(잠언 18,18)고 쓰여 있습니다. 이처럼 모호할 때는 하느님께서 인간들보다 더 낫게 판단하십니다. 당신께서는 더 나은 사람들을 수난의 열매에로 부르기도 하시며, 약한 사람들을 아끼기도 하십니다. 당신께서는 약한 사람들이 악을 견뎌 낼 수 있도록 더 강하게 만들어 주시기도 하며, 그들의 삶이 다른 사람들만큼 교회에 유익할 수는 없기 때문에 그들의 생명을 거두어 주시기도 합니다. 이 제비뽑기를 하면서 낯선 일들이 벌어질 것입니다. 그러나 이렇게 이루어지고 나면 누가 감히 그것을 비난하겠습니까? 무지하거나 시기하는 자가 아니라면 누가 그것을 예찬의 말로써 칭송하지 않겠습니까? **46.** 선례가 없는 일을 하고 싶지 않거든, 그

currit exemplum, nullius fuga faciat, ut ecclesiae ministerium, maxime in tantis periculis necessarium ac debitum, desit. Nemo adcipiat personam suam, ut, si aliqua gratia videtur excellere, ideo se dicat vita, et ob hoc fuga, esse digniorem. Quisquis enim hoc putat, nimium sibi placet; quisquis autem etiam hoc dicit, omnibus displicet.

47. Sunt sane qui arbitrantur episcopos et clericos non fugientes in talibus periculis, sed manentes, facere ut plebes decipiantur, cum ideo non fugiunt, quia manere suos praepositos cernunt. **48.** Sed facile est hanc reprehensionem vel invidiam devitare, adloquendo easdem plebes atque dicendo: "Non vos decipiat, quod de loco isto non fugimus. Non enim propter nos, sed propter vos potius hic manemus, ne vobis non ministremus quicquid saluti vestrae, quae in Christo est, novimus necessarium. Si ergo fugere volueritis, et nos ab istis, quibus tenemur, vinculis solvitis". **49.** Quod tunc puto esse dicendum, quando vere videtur utile esse ad loca tutiora migrare. Quo audito, si vel omnes vel aliqui dixerint: "In illius potestate sumus, cuius iram nullus, quocumque vadit, evadit, et cuius misericordiam, ubicumque sit, potest invenire, qui nusquam vult ire, sive certis necessitatibus inpeditus, sive laborare nolens ad incerta suffugia et non ad finienda sed ad mutanda pericula", procul

누구도 피신하지 말기 바랍니다. 그리하면, 이처럼 극도로 위험한 상황 속에서 꼭 필요하고 마땅히 수행해야 할 교회의 직무가 없어져 버리지는 않을 것입니다. 그 누구도 스스로를 과대평가하여 무슨 빼어난 은총을 지니기라도 한 것처럼, 자신은 살아 마땅한 사람이니 당연히 피신해야 한다고 말하지 말아야 합니다. 이렇게 생각하는 사람은 누구나 자기 자신만 지나치게 사랑하는 자이며, 이렇게 말하는 사람은 누구나 모든 사람을 불쾌하게 만듭니다.

47. 어떤 사람들은 주교들과 성직자들이 이러한 위험 속에서도 피신하지 않고 남아 있는 것은 신자들을 속이기 위한 것이라고 생각하기도 합니다. 사실, 신자들은 자기 지도자들이 남아 있는 것을 보게 되면 피신하지 않습니다. **48.** 그러나 이러한 비방이나 시기를 피하기는 쉽습니다. 그 신자들에게 이렇게 말하면 될 것입니다. "우리가 여기서 피신하지 않는 것은 여러분을 속이기 위한 것이 아닙니다. 우리는 우리 자신을 위해서가 아니라, 오히려 여러분을 위해서 여기 남아 있습니다. 그리스도 안에서 여러분들의 구원에 필요하다고 생각되는 모든 것을 우리가 여러분에게 제공하려는 것입니다. 여러분이 피신하고자 한다면, 우리가 묶여 있는 이 사슬에서 우리를 풀어 주시는 것이 됩니다." **49.** 더 안전한 장소로 옮기는 것이 참으로 유익하다고 여겨질 경우, 위와 같이 말해야 한다고 생각합니다. 그런 말을 들으면 모든 사람 또는 몇몇 사람은 이렇게 말할 수도 있겠습니다. "우리는 그분의 권능 안에 있으므로, 어디를 가든 그 누구도 그분의 진노를 피할 수 없고, 어디에 있든 그분의 자비를 구할 수 있습니다. 따라서 어떤 필요 때문에 갈 수 없게 된 경우나, 위험이 끝나는 것도 아니고 그저 바뀌게 될 뿐인데 불확실한 피난처를 찾느라 고생하기를 원치 않는 사람은 피난 가려 하지 않습니다." 의심할 나위 없이, (남아 있기를 결심한) 이들

dubio isti deserendi non sunt ministerio Christiano. Si autem hoc audito abire maluerint, nec illis manendum est qui propter illos manebant, quia ibi iam non sunt propter quos manere adhuc debeant.

50. Quicumque igitur isto modo fugit, ut ecclesiae necessarium ministerium illo fugiente non desit, facit quod Dominus praecepit sive permisit. Qui autem sic fugit, ut gregi Christi ea, quibus spiritaliter vivit, alimenta subtrahantur, mercennarius ille est, qui videt lupum venientem et fugit, quoniam non est ei cura de ovibus.

51. Haec tibi, quia me consuluisti, frater dilectissime, qua existimavi veritate et certa caritate rescripsi; sed ne meliorem, si inveneris, sequaris sententiam, non praescripsi. Melius tamen, quod in his periculis faciamus, invenire non possumus quam orationes ad Dominum Deum nostrum, ut misereatur nostri. Quod ipsum, ut scilicet ecclesias non desererent, Dei dono nonnulli prudentes et sancti viri et velle et facere meruerunt, et inter dentes obtrectantium a sui propositi intentione minime defecerunt».

31

1. Sane ille sanctus in vita sua prolixa pro utilitate ac felicitate sanctae ecclesiae divinitus condonata — nam vixit annis septuaginta sex, in clericatu autem vel episcopatu annis ferme quadraginta — dicere nobis inter familiaria conloquia consueverat, post perceptum

---

134 354년 11월 13일에 태어나 430년 8월 28일에 귀천했다[아퀴타니아의 프로스페르 『연대기』(*Epitome chronicon*) 1304].

에게도 그리스도교 직무가 없어져서는 안 됩니다. 그러나 이러한 말을 듣고서도 사람들이 피난 가기를 더 원한다면, 그때에는 그들을 위해 남았던 사람들도 (더 이상) 남아 있지 말아야 합니다. 왜냐하면, 이제 그곳에는 더 이상 그들이 더불어 머물러야 할 사람들이 없기 때문입니다.

50. 그러므로 이런 식으로 피신하는 사람은 누구나 자신의 피신으로써 교회에 필요한 직무가 없어지게 하지 않을뿐더러, 주님께서 명하시고 허락하신 것을 행하게 되는 것입니다. 그러나 누군가 피신하여 그리스도의 양 떼를 영적으로 살아가게 해 주는 양식이 떨어지게 한다면, 이자는 양 떼에는 관심이 없기 때문에 늑대가 오는 것을 보면 도망치고 마는 삯꾼입니다(요한 10,12 참조).

51. 사랑하는 형제, 그대가 나에게 조언을 구했기에, 진리와 확고한 사랑으로써 내가 생각하는 바를 적어 이렇게 답장을 썼습니다. 그러나 그대가 더 나은 의견을 찾아 따른다 할지라도 나는 말리지 않겠습니다. 그렇다고 해도, 이러한 위험 속에서 우리가 행하는 것 가운데, 우리 주 하느님께서 우리에게 자비를 베푸시도록 기도하는 것보다 더 나은 것을 찾을 수는 없습니다. 교회를 저버리지 말아야 한다는 이 사실은 현명하고 거룩한 많은 사람들이 하느님의 선물로 말미암아 바라고 실천해 왔으며, 비난하는 사람들에게 씹힐지라도 그들의 굳은 뜻은 조금도 꺾이지 않았습니다.»

제31장. 최후의 나날과 죽음

1. 그 성인(아우구스티누스)께서는 거룩한 교회의 선익과 행복을 위해서 하느님께서 선사하신 76년의 긴 생애 가운데, 거의 40년을 사제와 주교로 사셨다.[134] 그분께서는, 아무리 세례를 받고 칭송받는 그리스도인이나 사제로

baptismum etiam laudatos Christianos et sacerdotes absque digna et competenti paenitentia exire de corpore non debere. **2.** Quod et ipse fecit ultima, qua defunctus est, aegritudine; nam sibi iusserat psalmos Daviticos, qui sunt paucissimi, de paenitentia scribi, ipsosque quaterniones iacens in lecto contra parietem positos diebus suae infirmitatis intuebatur et legebat, et ubertim ac iugiter flebat. **3.** Et ne intentio eius a quoquam inpediretur, ante dies ferme decem quam exiret de corpore, a nobis postulavit praesentibus, ne quis ad eum ingrederetur, nisi his tantum horis, quibus medici ad inspiciendum intrabant, vel cum ei refectio inferretur. Et ita observatum et factum est, et omni illo tempore orationi vacabat. **4.** Verbum Dei usque ad ipsam suam extremam aegritudinem inpraetermisse, alacriter et fortiter, sana mente sanoque consilio in ecclesia praedicavit. **5.** Membris omnibus sui corporis incolumis, integro adspectu atque auditu, et, ut scriptum est, nobis adstantibus et videntibus et orantibus, dormivit cum patribus suis, enutritus in bona senectute. Et nobis coram pro eius commendanda corporis depositione sacrificium Deo oblatum est et sepultus est. **6.** Testamentum nullum fecit, quia unde faceret pauper Dei non habuit. Ecclesiae bibliothecam omnesque codices diligenter posteris custodiendos semper iubebat. Si quid vero ecclesia vel in sumptibus vel in orna-

---

135 아우구스티누스는 누구나 세례를 받은 다음 죽기 전에 반드시 참회해야 한다고 가르쳤다(『설교』 351,3,4; 352,3,9).

살았다 할지라도, 마땅하고 적합한 참회 없이 육신(세상)을 떠나서는 안 된다고 가족 대화 가운데 우리에게 말씀하시곤 했다.[135] **2.** 돌아가시게 될 마지막 병환 중에 당신 스스로도 그렇게 하셨다. 그분께서는 참회에 관한 다윗의 시편[136]을 짧게 옮겨 적게 하시고 그 종이를 벽에 붙이게 하신 다음, 침대에 앓아누워 계시면서 날마다 그것을 곰곰이 되새기고 읽었으며, 뜨거운 눈물을 끊임없이 흘리셨다. **3.** 육신(세상)을 떠나기 열흘 전쯤부터, 당신께서는 아무에게도 방해받고 싶어 하지 않으셨다. 그분은 당신 곁에 있던 우리에게 요청하시어 의사들이 왕진하는 시간과 음식을 날라오는 시간 외에는 아무도 당신 방에 들어오지 못하게 하셨다. 그리하여 (우리는) 그렇게 지켜 행하였고, 그분께서는 모든 시간을 기도에 바치셨다. **4.** 당신의 마지막 병환 때까지 끊임없이 교회에서 하느님의 말씀을 기쁘고 힘차게 맑은 정신과 건전한 판단력으로 설교하셨다. **5.** 육신의 모든 지체를 온전히 보존하셨고, 시력과 청력도 건강하셨는데, 그분은 우리가 곁에서 지켜보면서 기도하는 중에 성경에 쓰인 대로 행복한 만년을 보내시다가 당신 성조들과 함께 잠드셨다(1열왕 2,10). 우리가 참석한 가운데 시신을 안치하기 위한 성찬제를 하느님께 바친 후 묻히셨다. **6.** 그분은 아무런 유언을 남기지 않으셨는데, 하느님의 가난한 사람이 유언을 할 이유가 없기 때문이었다. 당신의 모든 저술을 갖춘 교회 도서관을 훗사람을 위해서 부지런히 보존하라고 늘 당부하셨다. 교회의 재산은 그것이 현금이든 성물이든 정

---

136 어떤 시편을 가리키는지 정확하게 알 수 없다. 전통적으로 참회에 관한 다윗의 시편은 일곱 편인데(불가타 성경 번호 6, 31, 37, 50, 101, 129, 142), 아우구스티누스는 참회에 관한 설교에서 시편 31편, 50편, 129편만 인용했다(『설교』 351과 352). 아마도 이 세 시편 가운데 하나일 것이다.

mentis habuit, fidei presbyteri, qui sub eodem domus ecclesiae curam gerebat, dimisit. **7.** Nec suos consanguineos, vel inproposito vel extra constitutos, in sua vita et morte vulgi more tractavit. Quibus, dum adhuc superesset, id, si opus fuit, quod et ceteris, erogavit, non ut divitias haberent, sed ut aut non aut minus egerent. **8.** Clerum sufficientissimum et monasteria virorum ac feminarum continentibus cum suis praepositis plena ecclesiae dimisit, una cum bibliothecis libros et tractatus vel suos vel aliorum sanctorum habentibus, in quibus dono Dei qualis quantusque in ecclesia fuerit noscitur, et in his semper vivere a fidelibus invenitur, iuxta quod etiam saecularium quidam poeta, suis iubens quo sibi tumulum mortuo in aggere publico conlocarent, programmate finxit, dicens:

«Vivere post obitum vatem vis nosse, viator?
Quod legis, ecce loquor: vox tua nempe mea est».

9. Et in suis quidem scriptis ille Deo adceptus et carus sacerdos, quantum lucente veritate videre conceditur, recte ac sane fidei, spei et caritatis catholicae ecclesiae vixisse manifestatur, quod agnoscunt qui eum de divinis scribentem legentes proficiunt. Sed ego

---

137 지금까지 알려진 바에 따르면, 수도 생활을 한 아우구스티누스의 친척은 수도원장이던 여동생, 형제 나비기우스의 딸들(『아우구스티누스의 생애』 26,1), '내 조카'(nepos meus)라고 부르는 파트리키우스(『설교』 356,3)가 있다.

직한 사제에게 맡겨, 그의 책임 아래 교회가 관리하게 하셨다. **7.** 살아 계실 때에나 돌아가실 때에도, 수도 생활을 하는 친척137이든 바깥에 있는 친척이든 세상의 여느 사람처럼 대하셨다. 살아 계실 때에는 필요할 경우에 다른 사람들에게 주곤 했던 것을 친척들에게 주셨는데, 이는 그들을 부자로 만들려는 것이 아니라 찢어지게 가난하지 않게 하기 위해서였다. **8.** 그분은 교회에 넉넉한 성직자들과 남녀 수도원들을 남겨 주셨는데, 거기에는 장상들과 함께 수행하는 사람들이 넘쳐 났고, 그곳 도서관들은 아우구스티누스와 다른 성인들의 책과 저술로 가득 찼다.138 이를 통해서, 하느님께서 교회에 주신 선물이 얼마나 큰 것인지 알게 되고, 신자들은 그분을 언제나 살아 계신 분으로 만나게 된다. 한 이방 시인은 자기가 죽으면 제 무덤을 공공장소에 쓰고 다음과 같이 묘비에 새겨 넣으라고 가족에게 당부한 바 있다.

"오 나그네여, 시인은 죽은 다음에도 산다는 것을 알고 싶은가?
그대가 읽는 그것을 내가 말하나니,
그대의 목소리는 바로 나의 목소리라네."

9. 사실 진리의 빛 안에서 확인되듯이, 아우구스티누스의 저술은 그분이 하느님 마음에 드는 소중한 주교였으며, 가톨릭 교회의 믿음과 희망과 사랑 안에서 올바르고 온전하게 사셨다는 것을 드러내 준다. 그분의 거룩한 작품을 읽음으로써 은혜를 받는 사람이라면 누구나 이 사실을 알게 된다.

---

138 히포 주교좌 수도원과 여자 수도원 말고도, 히포에는 다른 수도원들이 있었다. 아마 평신도 수도원이었을 것이다(『설교』 356,10,15). 수도원들은 저마다 아우구스티누스를 비롯한 다른 그리스도교 저술가들의 저서를 갖춘 도서관을 가지고 있었다.

arbitror plus ex eo proficere potuisse, qui eum et loquentem in ecclesia praesentem audire et videre potuerunt, et eius praesertim inter homines conversationem non ignoraverunt. **10.** Erat enim non solum eruditus scriba in regno caelorum, de thesauro suo proferens nova et vetera, et unus negotiatorum, qui, inventa pretiosa margarita, quae habebat venditis, comparavit, verum etiam ex his ad quos scriptum est: «Sic loquimini et sic facite», et de quibus Salvator dicit: «Qui fecerit et docuerit sic, hic magnus vocabitur in regno caelorum». **11.** Peto autem inpendio vestram caritatem, qui haec scripta legitis, ut mecum omnipotenti Deo gratias agatis Dominumque benedicatis, qui mihi tribuit intellectum, ut haec in notitiam et praesentium et absentium, praesentis temporis et futuri hominum et vellem deferre et valuissem; et mecum ac pro me oretis, ut illius quondam viri, cum quo ferme annis quadraginta Dei dono absque amara ulla dissensione familiariter ac dulciter vixi, et in hoc saeculo aemulator et imitator exsistam, et in futuro omnipotentis Dei promissis cum eodem perfruar.

그러나 그분께서 교회에서 말씀하시는 것을 직접 듣고, 직접 뵐 수 있었던 사람들, 특히 그분께서 민중 속에서 살아가는 방식을 알았던 사람들이야말로 훨씬 더 많은 은혜를 받은 사람들이라고 나는 생각한다. **10.** 그분은 하늘 나라의 보물에서 새것도 꺼내고 옛것도 꺼내는 박식한 율사요(마태 13,52), 값진 진주를 발견한 다음 가진 것을 팔아 그것을 산 상인(마태 13,44-46)이었을 뿐 아니라, "여러분은 이렇게 말하고 이렇게 행동하십시오"(야고 2,12)라는 말씀도 바로 그분을 위해서 쓰인 것이었다. 구세주께서도 이런 분을 가리켜 "그렇게 행하고 가르치는 이는 하늘 나라에서 큰 사람이라고 불릴 것이다"(마태 5,19)라고 말씀하셨다. **11.** 여러분의 사랑을 간절히 청하나니, 이 글을 읽는 여러분은 나와 함께 전능하신 하느님께 감사드리고, 주님을 찬미해 주시기를. 왜냐하면 하느님께서 나에게 지혜를 주시어, 가까이 사는 사람들이나 멀리 사는 사람들, 지금 살아 있는 사람들이나 장차 태어날 사람들이 알 수 있도록 이러한 정보를 전하려는 열망과 전해 줄 수 있는 능력을 주셨기 때문이다. 하느님의 선물로 말미암아 아우구스티누스와 함께 거의 40년 동안[139] 따스하고 살가운 정으로 어떤 마찰도 없이 살아온 내가, 이승의 삶에서는 그분을 본받고 닮으며, 미래의 삶에서는 그분과 함께 전능하신 하느님께서 약속하신 바를 누릴 수 있도록 나와 함께 그리고 나를 위해 기도해 주시기를 청한다.

---

[139] 아우구스티누스는 76년의 긴 생애(354~430년) 가운데, 거의 40년(391~430년)을 사제와 주교로 살았다(『아우구스티누스의 생애』 31,1). 그 40년은 수도승의 삶이기도 했으니, 아우구스티누스는 사제가 된 후 곧장 주교좌 성당 옆에 수도원을 세우고 동료들과 함께 수도 생활을 했다(『설교』 355,2; 『아우구스티누스의 생애』 5,1). 그렇다면, 포시디우스는 아우구스티누스가 사제 생활과 히포 수도 공동체 생활을 시작하던 391년경부터 세상을 떠나던 430년까지 "거의 40년 동안"(ferme annis quadraginta) 아우구스티누스의 동료로 산 셈이다(『아우구스티누스의 생애』 31,11).

아우구스티누스 연보

1. 이 연보는 A. Trapé, *Agostino. l'uomo, il pastore, il mistico*, Roma 2000 과 Giuliano Vigini, *Sant'Agostino. L'avventura della grazia e della carità. Prefazione di Joseph Ratzinger*, Milano 2006에 근거했으나, 저술 연도는 A.D. Fitzgerald, *Augustine through the Age. An Encyclopedia*, Cambridge 1999를 따랐다.
2. 인명과 지명은 한국교부학연구회의 『교부학 인명·지명 용례집』(하성수 엮음, 분도출판사 2008)을 따랐고, 작품명은 한국교부학연구회의 검토를 거쳤다.

연도	생애	작품
354	● 타가스테에서 태어남 (354년 11월 13일 일요일)	
361~5	● 타가스테에서 초등교육을 받음	
365~9	● 마다우라에서 공부를 계속함	
370	● 마다우라에서 타가스테로 돌아옴	
371	● 처음으로 카르타고에 감 ● 한 여인과 동거 시작 ● 아버지 파트리키우스의 죽음	
372	● 아들 아데오다투스 태어남	
373	● 키케로의 『호르텐시우스』를 읽고 '지혜에 대한 사랑'(철학)에 빠짐	
375	● 카르타고에서 타가스테로 돌아와 수사학을 가르침	
376	● 한 친구의 죽음 ● 카르타고에서 수사학을 가르침	
381		● 『아름답고 알맞은 것』*De pulchro et apto*(381/82년) [소실]
383	● 밀레비스의 파우스투스(마니교 지도자)가 아우구스티누스를 만나러 카르타	

연도	생애	작품
	고에 옴 • 배를 타고 로마에 감	
384	• 밀라노의 수사학 교수로 임명(가을) • 황제 발렌티니아누스 2세에게 축사를 바침(11월 22일)	
385	• 바우투스에게 축사를 바침(1월 1일) • 어머니 모니카, 밀라노에 도착(늦봄)	
386	• 신플라톤 철학 서적들을 읽음(6월경) • 폰티키아누스의 방문을 받고 대화를 나눔(6월 말) • 카시키아쿰으로 물러감(9월) • 로마니아누스에게『참된 종교』De vera religione 저술을 약속 • 회심하여 그리스도교 신앙을 고백	•『아카데미아 학파 반박』Contra Academicos(386년 11월~387년 3월) •『행복한 삶』De beata vita (386년 11월~387년 3월) •『질서론』De ordine (386년 11월~387년 3월) •『독백』Soliloquia(386년 11월~387년 3월) •『서간집』Epistulae(386~430년)
387	• 밀라노로 돌아감(3월 초) • 세례 받음(4월 24일) • 귀향선을 타러 오스티아 티베리나 항구에 감(여름 또는 가을) • 어머니 모니카의 죽음	•『영혼 불멸』De immortalitate animae •『영혼의 위대함』De animae quantitate (387/88년) •『가톨릭 교회의 관습과 마니교도의 관습』De moribus ecclesiae catholicae et de moribus Manichaeorum(387/88년) •『음악론』De musica(387/91년) •『변증법』De dialetica •『문법론』De grammatica •『수사학』De rhetorica •『자유의지론』De libero arbitrio 1권 (387/88~95년) •『산술』De arithmetica(소실) •『기하학』De geometrica(소실) •『철학』De philosophia(소실)
388	• 오스티아에서 로마로 감	•『마니교 반박 창세기 해설』De Genesi

연도	생애	작품
	• 아프리카로 돌아감(7월 또는 8월 말) • 카르타고를 거쳐 타가스테 고향집에 도착(9월)	adversus Manichaeos(388/89년) • 『여든세 가지 다양한 질문』De diversis quaestionibus octoginta tribus(388/96년)
389	• 아들 아데오다투스 사망	• 『교사론』De magistro
390	• 형제 네브리디우스의 죽음(?)	• 『참된 종교』De vera religione(390/91년)
391	• 사제 수품(연초) • 히포에 수도원을 세움	• 첫 강론Sermones(『설교』 216) • 『믿음의 유익』 De utilitate credendi (391/92년) • 『자유의지론』De libero arbitrio 2-3권 (391~395년)
392	• 히포의 소시우스 온천 근처에서 마니교 사제 포르투나투스와 논쟁을 벌임(8월 28~29일) • 그리스어 성경 주해의 라틴어 번역본을 보내 달라고 히에로니무스에게 편지를 씀 • 도나투스파 주교 막시무스에게 편지를 씀(392/93년) • 이때부터 419년까지 도나투스 논쟁에 매달림	• 『마니교도 포르투나투스 반박』Acta contra Fortunatum Manichaeum • 『두 영혼』De duabus animabus(392/93년) • 『시편 상해』Enarrationes in Psalmos (392~422년), 1-32편(392년)
393	• 옵타투스가 팀가드의 도나투스파 주교로 선출됨 • 히포 교회회의(10월 8일)	• 『신앙과 신경』De fide et symbolo • 『창세기 문자적 해설 미완성 작품』De Genesi ad litteram imperfectus liber (393/94년; 426/27년) • 『주님의 산상 설교』De sermone Domini in monte(393/95년) • 『도나투스파 반박 시편』Psalmus contra partem Donati(393/94년) • 『이단자 도나투스 서간 반박』Contra epistulam Donati haeretici(393/95년) [소실]

연도	생애	작품
394	• 알리피우스가 놀라의 파울리누스에게 아우구스티누스의 책 다섯 권을 보냄	• 『마니 제자 아디만투스 반박』Contra Adimantum Manichaei discipulum • 『로마서 명제 해설』Expositio quarundam propositionum ex epistula apostoli ad Romanos(394/95년) • 『로마서 미완성 해설』Epistulae ad Romanos inchoata expositio(394/95년) • 『갈라티아서 해설』Expositio epistulae ad Galatas(394/95년) • 『거짓말』De mendacio(394/95년)
395	• 히포의 주교 발레리우스의 보좌주교가 됨(395년 5월~397년 8월) • 히포의 도나투스파 주교 프로쿨리아누스와 논쟁을 계획(395/96년) • 도나투스 논쟁에 전념(395~411년)	
396		• 『그리스도교 교양』De doctrina christiana(396~426/27년) • 『그리스도인의 투쟁』De agone christiano • 『심플리키아누스에게』Ad Simplicianum(396/29년)
397	• 아우구스티누스가 심하게 앓음 • 카르타고에 머물며 40여 회 강론(5~9월) • 제2차 카르타고 교회회의 참석(6월 26일) • 제3차 카르타고 교회회의 참석 (8월 13~28일) • 누미디아의 투부르시쿰에서 도나투스파 포르투니우스와 논쟁을 벌임	• 『마니교 기조 서간 반박』Contra epistulam Manichaei quam vocant fundamenti • 『마니교도 파우스투스 반박』Contra Faustum Manichaeum(397/99년) • 『수도 규칙』Regula(397/99년) • 『고백록』Confessiones(397/401년)
398		• 『그리스도교 규율』De disciplina christiana • 『힐라리스 반박』Contra Hilarem(소실)

연도	생애	작품
399	• 제4차 카르타고 교회회의 참석(4월 27일)	• 『선의 본성』De natura boni • 『마니교도 세쿤디누스 반박』Contra Secundinum Manichaeum • 『욥기 주해』Adnotationes in Iob • 『입문자 교리교육』De catechizandis rudibus • 『삼위일체론』De Trinitate(399~422/26년경) • 『복음사가들의 일치』De consensu evangelistarum(399/400년) • 『복음서에 관한 질문』Quaestiones Evangeliorum(399/400년) • 『마태오 복음의 열여섯 질문』Quaestiones XVI in Matthaeum(399/400년)
400	• 키르타 방문	• 『보이지 않는 사물에 관한 믿음』De fide rerum invisibilium • 『파르메니아누스 서간 반박』Contra epistulam Parmeniani • 『세례론』De baptismo(400/01년) • 『페틸리아누스 서간 반박』Contra litteras Petiliani(400/03년) • 『야누아리우스의 질문』Ad inquisitiones Ianuarii(=『편지』54-55)
401	• 제5차 카르타고 교회회의(6월 15일) • 막시밀리아누스파 열교에 빠진 사제를 조사하러 아수라스와 무스티에 감 • 제6차 카르타고 교회회의(9월 13일) • 칼라마의 도나투스파 주교 크리스피누스가 칼라마의 가톨릭 주교 포시디우스에 맞서 폭행을 주도함	• 『혼인의 선익』De bono coniugali • 『수도승의 노동』De opere monachorum • 『거룩한 동정』De sancta virginitate • 『창세기 문자적 해설』De Genesi ad litteram(401/05년)
402	• 제7차 교회회의(밀레비스, 8월 7일)	• 『가톨릭 형제들에게』Ad catholicos fratres(402/05년)

연도	생애	작품
403	• 제8차 카르타고 교회회의(8월 25일) • 도나투스파들이 포시디우스를 해함	
404	• 제9차 카르타고 교회회의(6월 26일) • 마니교도 펠릭스와 공개 토론 (12월 7일 수요일~12일 월요일)	• 『마니교도 펠릭스 반박』Contra Felicem Manichaeum
405	• 제10차 카르타고 교회회의 참석(8월 23일)	• 『도나투스파 문법학자 크레스코니우스 반박』Contra Cresconium grammaticum partis Donati(405/06년) • 『익명의 도나투스파 반박』Contra nescio quem Donatistam(소실) • 『도나투스파 반박 증명과 증언』Probationes et testimonia contra Donatistas(소실)
406		• 『악마의 점술』De divinatione daemonum • 『막시미아누스파에 관한 도나투스파의 경고』Admonitio Donatistarum de Maximianistis(소실) • 『요한 서간 강해』In epistulam Ioannis ad Parthos tractatus(406/07년)
407	• 제11차 교회회의 참석(투부르시쿰, 6월 말)	• 『시편 상해』Enarrationes in Psalmos 119-133편 • 『요한 복음 강해』In Ioannis Evangelium tractatus(407/08~419/20년) 1-16장(407/08년)
408	• 제12차 카르타고 교회회의 참석(6월 16일) • 제13차 카르타고 교회회의 참석(10월 13일)	• 『단식의 유익』De utilitate ieiunii • 『이교인 반박 여섯 질문』Quaestiones expositae contra paganos numero sex (= 『편지』102. 408/09년)
409	• 제14차 카르타고 교회회의 참석(6월 15일) • 도나투스파 주교 마크로비우스가 히포	

연도	생애	작품
	에 돌아옴	
410	• 제15차 카르타고 교회회의 참석(6월 14일) • 펠라기우스가 히포에 들름 • 카르타고 토론회 소집령(10월 14일) • 마르켈리누스 방백이 토론회에 참석하러 옴 • 건강이 악화되어 히포 근처의 마을에서 겨울을 지냄	•『페틸리아누스 반박 하나인 세례』 *De unico baptismo contra Petilianum* (=『편지』120. 410/11년)
411	• 카르타고에서 도나투스파에 맞서 강론함(1월~3월). 이 강론은 키르타와 카르타고에서도 이어짐(4월~6월) • 카르타고 교회회의를 주도적으로 준비 • 마르켈리누스 방백이 참석한 가운데 토론회 개막(1월 1일) • 카르타고 토론회 참석차 도나투스파들이 카르타고에 도착(5월 18일) • 카르타고 교회회의(6월 1일, 3일, 8일) • 마르켈리누스가 도나투스파를 단죄하는 결정문을 공포(6월 9일) • 피니아누스가 히포에 나타남 • 마르켈리누스가 아우구스티누스에게 편지를 보냄. 마르켈리누스는 펠라기우스가 카르타고에서 이설을 퍼뜨리고 있으며, 켈레스티누스가 법정에서 단죄받았다고 전함	•『도나투스파 반박 토론 초록』 *Breviculus conlationis cum Donatistis*(411년 6월) •『도나투스파 반박』*Contra Donatistas* •『도나투스 열교 반박』*Contra partem Donati*(411년 이전) [소실] •『죄벌과 용서 그리고 유아세례』*De peccatorum meritis et remissione et de baptismo parvulorum* •『로마 시 함락』*De excidio urbis Romae*
412	• 반 도나투스파 법령 반포(1월 30일) • 제르타 교회회의 참석자들이 도나투스파에게 회의 결과를 편지로 전함 • 키르타 교회회의 참석(6월 14일) • 카르타고에서 강론(9~12월)	•『영과 문자』*De spiritu et littera* •『신약성경의 은총론』*De gratia Testamenti Novi*(=『편지』140) •『막시미아누스파에 관한 도나투스파 반박』*De Maximianistis contra Donatistas*(소실)

연보 165

연도	생애	작품
413	• 카르타고 방문(1월 중순) • 마르켈리누스를 구제하기 위해 카르타고를 다시 방문(6월 말, 9월)	• 『하느님 관상』*De videndo Deo*(=『편지』 147) • 『신앙과 실천』*De fide et operibus* • 『교회 일치』*De unitate ecclesiae* • 『신국론』*De civitate Dei*(413~425/27년) 1-3권(413년) 4-5권(413/15년)
414	• 히포에서 주교회의 개최	• 『과부 신분의 선익』*De bono viduitatis* • 『요한 복음 강해』*In Ioannis Evangelium tractatus* 20-22장(414/16년)
415		• 『프리스킬리아누스파 반박』 *Contra Priscillianistas* • 『본성과 은총』*De natura et gratia* (415년 봄) • 『영혼의 기원』*De origine animae* (=『편지』166. 417/18년) • 『도나투스파 주교 에메리투스에게 보낸 토론 후기』*Ad Emeritium episcopum Donatistarum post conlationem* (소실) • 『야고보서의 명제』*De sententia Iacobi* (=『편지』167) • 『인간 의로움의 완성』*De perfectione iustitiae hominis* • 『신국론』*De civitate Dei* 6-10권(415/17년)
416	• 펠라기우스와 켈레스티우스를 단죄한 밀레비스 교회회의 참석(9~10월)	• 『펠라기우스의 행적』*De gestis Pelagii*(416년 말 또는 417년)
417	• 펠라기우스파에 관하여 로마·아프리카 교회와 서신 교환 • 오로시우스의 『역사서』*Historiae* 받음 • 카르타고에서 강론(9월 중순) • 반 펠라기우스 교회회의 참석	• 『시편 상해』*Enarrationes in Psalmos* • 『도나투스파 계도』*De correctione Donatistarum*(=『편지』185) • 『하느님의 현존』*De praesentia Dei*(=『편지』187)

연도	생애	작품
		• 『인내론』*De patientia*(417/18년) • 『신국론』*De civitate Dei* 11-13권 (417~418년)
418	• 제16차 카르타고 교회회의에서 가톨릭 교의를 9개 항목으로 요약(1월) • 피니아누스가 예루살렘에서 펠라기우스를 보았다는 편지를 받음 • 피니아누스에게 『그리스도의 은총과 원죄』*De gratia Christi et de peccato originali*를 보냄 • 조시무스 교황의 교서에 따라 알리피우스, 포시디우스와 함께 마우리타니아의 카이사리아에 감 • 도나투스파 주교 에메리투스를 만남 • 에클라눔의 율리아누스와 논쟁 (418~430년)	• 『도나투스파 주교 에메리투스와의 논쟁』*Gesta cum Emerito Donatista-rum episcopo*(9월 20일) • 『그리스도의 은총과 원죄』*De gratia Christi et de peccato originali* • 『절제론』*De continentia*(418/20년) • 『카이사리아 교회 신자들을 향한 설교』 *Sermo ad Caesariensis Ecclesiae plebem* • 『신국론』*De civitate Dei* 14-16권 (418~420년)
419	• 에클라눔의 율리아누스의 첫 작품 탄생 • 제17차 카르타고 교회회의 참석(5월 25일) • 마우리타니아의 카이사리아 방문(9월)	• 『요한 복음 강해』*In Ioannis Evangelium tractatus* 55-124장 (407/08~419/20년) • 『아리우스파 설교 반박』*Contra sermonem Arrianorum* • 『구약 칠경 강해』 *Locutiones in Heptateuchum*(419/20년) • 『구약 칠경에 관한 질문』*Quaestiones in Heptateuchum*(419/20년) • 『구약성경에 관한 여덟 질문』*De octo quaestionibus ex Veteri Testamento* • 『혼인과 정욕』*De nuptiis et concupiscentia*(419/21년) • 『영혼과 그 기원』*De anima et eius origine*(419/20년)

연도	생애	작품
		• 『부정한 혼인』*De adulterinis coniugiis* (419/20년)
		• 『율법과 예언서 반대자 반박』*Contra adversarium legis et prophetarum* (419/20년)
		• 『도나투스파 주교 가우덴티우스 반박』 *Contra Gaudentium Donatistarum episcopum*
420	• 보니파티우스를 만남	• 『거짓말 반박』*Contra mendacium*
		• 『신국론』*De civitate Dei* 17권(420/25년)
421	• 제18차 카르타고 교회회의 참석(6월 13일)	• 『펠라기우스파 두 서간 반박』*Contra duas epistulas Pelagianorum*
		• 『율리아누스 반박』*Contra Iulianum* (421/22년)
		• 『믿음 희망 사랑의 길잡이』 *Enchiridion de fide, spe et caritate* (421/22년)
422		• 『죽은 이를 위한 배려』*De cura pro mortuis gerenda*(422년)
424		• 『둘키티우스의 여덟 질문』*De octo Dulcitii quaestionibus*
425		• 『예비신자를 위한 신경 해설』*De symbolo et catechumenos*
		• 『신국론』*De civitate Dei* 18-22권 (425/27년)
426	• 후계자를 뽑기 위해 밀레비스를 방문 • 에라클리우스 신부를 자신의 후계자라고 신자들에게 소개	• 『은총과 자유의지』*De gratia et libero arbitrio*(426/27년)
		• 『훈계와 은총』*De correptione et gratia*(426/27년)
		• 『재론고』*Retractationes*(426/27년)
427		• 『아리우스파 주교 막시미누스와의 토

연도	생애	작품
		론』*Conlatio cum Maximino Arrianorum episcopo*(427/28년) • 『아리우스파 막시미누스 반박』*Contra Maximinum Arrianum*(427/28년) • 『거울』*Speculum*
428	• 프로스페르와 힐라리우스로부터 편지를 받음	• 『성도들의 예정』*De praedestinatione sanctorum* (428/29년) • 『항구함의 은사』*De dono perseverantiae*(428/29년) • 『유대인 반박』*Adversus Iudaeos*(428/29년) • 『이단론』*De haeresibus*
429		• 『율리아누스 반박 미완성 작품』*Contra Iulianum opus imperfectum*(429/30년)
430	죽어서 묻히다(8월 28일 토요일)	

아우구스티누스 저술 목록

1. 아우구스티누스 저술의 원제목은 Giuliano Vigini, *Sant'Agostino. L'avventura della grazia e della carità. Prefazione di Joseph Ratzinger*, Milano 2006, 121-126쪽의 저술 목록을 근간으로, A.D. Fitzgerald, *Augustine through the Ages. An Encyclopedia,* Cambridge 1999, xxxv-il의 장점을 보완하였고, *Augustinus Lexikon*과 *Clavis Patrum Latinorum* 등을 참고하였다.
2. 아우구스티누스 저술의 우리말 번역은 성염의 『아우구스티누스傳』(성바오로출판사 1992, 361-71쪽)의 초역과 그 수정본(1998)을 기본적으로 수용했으나, 작품의 뜻을 충분히 담아내지 못한 것들은 새롭게 옮기거나 바로잡았으며, 소실된 작품명도 덧붙였다.
3. 이 저술 목록은 한국교부학연구회의 검토를 거쳤으며, 인명과 지명은 한국교부학연구회의 『교부학 인명·지명 용례집』(하성수 엮음, 분도출판사 2008)을 따랐다.

PL	*Patrologiae cursus completus, Series Latina,* J.-P. Migne (ed.), 221 vol., Paris 1841-1864 [라틴 교부 총서]
PLS	*Patrologiae Latinae Supplementum,* A. Hamman (ed.), 5 vols., Paris 1958-1970 [라틴 교부 총서 보충판]
CSEL	*Corpus scriptorum ecclesiasticorum latinorum,* Wien 1866ss [라틴 교회 저술가 전집]
CCL	*Corpus Christianorum, Series Latina,* Turnhout 1954ss [라틴 그리스도교 문헌 전집]
NBA	*Nuova Biblioteca Agostiniana,* Roma 1962ss [아우구스티누스 전집]

저서	약어	저술 연도	PL	CSEL	CCL	NBA
Acta contra Fortunatum Manichaeum 마니교도 포르투나투스 반박	Fort.	392.8.28~29	42	25,1		13,1
Ad catholicos fratres 가톨릭 형제들에게	Cath. fr.	402/405	43	52		15,2
Ad Emeritum episcopum Donatistarum post conlationem [deperditus] 도나투스파 주교 에메리투스에게 보낸 토론 후기 [소실]	Emer. Don.	415				
Ad inquisitiones Ianuarii (= Epp. 54-55) 야누아리우스의 질문 (= 편지 54-55)	Inq. Ian.	400	33	34,2		
Admonitio Donatistarum de Maximianistis [deperditus] 막시미아누스파에 관한 도나투스파의 경고 [소실]	Adm.	406				
Adnotationes in Iob 욥기 주해	Adn. Iob	399	34	28,2		10,3
Ad Simplicianum 심플리키아누스에게	Simpl.	396/398	40		44	6,2
Adversus Iudaeos 유대인 반박	Iud.	428/429	42			12,1
Breviculus conlationis cum Donatistis 도나투스파 반박 토론 초록	Brevic.	411.6.	43	53	149/A	16,2
Confessiones 고백록	Conf.	397/401	32	33	27	1
Conlatio cum Maximino Arrianorum episcopo 아리우스파 주교 막시미누스와의 토론	Conl. Max.	427/428	42			12,2
Contra Academicos 아카데미아 학파 반박	Acad.	386.11~387.3	32	63	29	3,1

저술 목록 171

Contra Adimantum Manichaei discipulum 마니 제자 아디만투스 반박	*Adim.*	394	42	25, 1	13,2
Contra adversarium legis et prophetarum 율법과 예언서 반대자 반박	*adv. leg.*	419/420	42		12,1
				49	
Contra Cresconium grammaticum partis Donati 도나투스파 문법학자 크레스코니우스 반박	*Cresc.*	405/406	43	52	16,1
Contra Donatistas 도나투스파 반박	*Don.*	411	43	53	16,2
Contra duas epistulas Pelagianorum 펠라기우스파 두 서간 반박	*Ep. Pel.*	421	44	60	18,1
Contra epistulam Donati haeretici [deperditus] 이단자 도나투스 서간 반박 [소실]	*Ep. Don.*	393/395			
Contra epistulam Manichaei quam vocant fundamenti 마니교 기초 서간 반박	*Ep. Man.*	397	42	25,1	15,1
Contra epistulam Parmeniani 파르메니아누스 서간 반박	*Ep. Parm.*	400	43	51	15,1
Contra Faustum Manichaeum 마니교도 파우스투스 반박	*Faust.*	397/399	35	84	14,1-2
Contra Felicem Manichaeum 마니교도 펠릭스 반박	*Fel.*	404.12.7~12	42	25,2	
Contra Gaudentium Donatistarum episcopum 도나투스파 주교 가우덴티우스 반박	*Gaud.*	419	43	53	16,2
Contra Hilarem [deperditus] 힐라리스 반박 [소실]	*Hil.*	398			
Contra Iulianum 율리아누스 반박	*Iul.*	421/422	44		18,1

제목	약어	연도				
Contra Iulianum opus imperfectum 율리아누스 반박 미완성 작품	Iul. imp.	429/430	45	85,1		19,1-2
Contra litteras Petiliani 페틸리아누스 서간 반박	Litt. Pet.	400/403	43	52		15,2
Contra Maximinum Arrianum 아리우스파 막시미누스 반박	Max. Arrian.	427/428	42			12,2
Contra mendacium 거짓말 반박	Contr. mend.	420	40	41		7,2
Contra nescio quem Donatistam [deperditus] 익명의 도나투스파 반박 [소실]	Nesc. Don.	405				
Contra partem Donati [deperditi] 도나투스 일파 반박 [소실]	Part. Don.	411년 이전				
Contra Priscillianistas 프리스킬리아누스파 반박	Prisc.	415	42		49	12,1
Contra quod attulit Centurius a Donatistis [deperditus] 켄투리우스가 도입한 도나투스파 교설 반박 [소실]	Cent.					
Contra Secundinum Manichaeum 마니교도 세쿤디누스 반박	Sec.	399	42	25,2		7,1
Contra sermonem Arrianorum 아리우스파 설교 반박	Serm. Arr.	419	42	92		12,2
De adulterinis coniugiis 부정한 혼인	Adult. con.	419/420	40	41		7,1
De agone christiano 그리스도인의 투쟁	Agon.	396	40	41		7,2
De anima et eius origine 영혼과 그 기원	An. et or.	419/420	44	60		17,2

De animae quantitate 영혼의 위대함	An. quant.	387/388	32	89	3,2
De arithmetica [deperditus] 산술 [소실]	Arithm.	387			
De baptismo 세례론	Bapt.	400/401	43	51	15,1
De beata vita 행복한 삶	Beata v.	386.11~387.3	32	63	3,1
De bono coniugali 혼인의 선익	B. con.	401	40	41	7,1
De bono viduitatis 과부 신분의 선익	B. vid.	414	40	41	7,1
De catechizandis rudibus 입문자 교리교육	Cat. rud.	399	40		7,2
De civitate Dei 신국론	Civ.	413~427	41	40	5,1-3
De consensu evangelistarum 복음사가들의 일치	Cons. ev.	399/400?	34	43	10,1
De continentia 절제론	Cont.	418/420	40	41	7,1
De correctione Donatistarum (= Ep. 185) 도나투스파 제도 (= 편지 185)	Correct.	417	33	57	16,2
De correptione et gratia 훈계와 은총	Corrept.	426/427	44	92	20
De cura pro mortuis gerenda (ad Paulinum episcopum) (파울리누스 주교에게 보낸) 죽은 이를 위한 배려	Cura mort.	422	40	41	7,2

De dialectica 변증법	Dial.	387	32		36
De disciplina christiana 그리스도교 규율	Disc. chr.	398	40	46	6,2
De diversis quaestionibus octoginta tribus 여든세 가지 다양한 질문	Div. qu.	388/396	40	44/A	6,2
De divinatione daemonum 악마의 점술	Divin. daem.	406	40		
De doctrina christiana 그리스도교 교양	Doctr. chr.	396; 426/427	34	32	8
De dono perseverantiae (ad Prosperum et Hilarium) (프로스페르와 힐라리우스에게 보낸 항구함의 은사	Persev.	428/429	45		20
De duabus animabus 두 영혼	Duab. an.	392/393	43	25,1	
De excidio urbis Romae 로마 시 함락	Exc. urb.	411	40		46
De fide et operibus 신앙과 실천	F. et op.	413	40	41	6,2
De fide et symbolo 신앙과 신경	F. et symb.	393.10.8.	40	41	6,1
De fide rerum invisibilium 보이지 않는 사물에 관한 믿음	F. invis.	400	40		6,1
De Genesi ad litteram 창세기 문자적 해설	Gn. litt.	401/405	34	28,1	9,2
De Genesi ad litteram imperfectus liber 창세기 문자적 해설 미완성 작품	Gn. litt. imp.	393/394; 426/427	34	28,1	9,1

De Genesi adversus Manichaeos 마니교도 반박 창세기 해설	Gn. adv. Man.	388/389	34	91	9,1
De geometrica [deperditus] 기하학 [소실]	Geom.	387			
De gestis Pelagii 펠라기우스의 행적	Gest. Pel.	416말/417	44	42	17,2
De grammatica 문법론	Gramm.	387	32		
De gratia Christi et de peccato originali 그리스도의 은총과 원죄	Gr. et pecc. or.	418	44	42	17,2
De gratia et libero arbitrio 은총과 자유의지	Gr. et lib. arb.	426/427	44		20
De gratia Testamenti Novi (ad Honoratum) (= Ep. 140) (호노라투스에게 보낸) 신약성경의 은총론 (= 편지 140)	Gr. test.	412	33	44	
De haeresibus (ad Quodvultdeum) (쿠오드불트데우스에게 보낸) 이단론	Haer.	428	42		12,1
De immortalitate animae 영혼 불멸	Imm. an.	387	32	89	3,1
De libero arbitrio 자유의지론	Lib. arb.	387/388~395	32	74	3,2
De magistro 교사론	Mag.	389	32	77,1	3,2
De Maximianistis contra Donatistas [deperditus] 막시미아누스파에 관한 도나투스파 반박 [소실]	Max.	412			
De mendacio 거짓말	Mend.	394/395	40	41	7,2

De moribus ecclesiae catholicae et de moribus Manichaeorum 가톨릭 교회의 관습과 마니교도의 관습	Mor.	387/388	32	90	13,1
De musica 음악론	Mus.	387/391	32		3,2
De natura boni 선의 본성	Nat. b.	399	42	25,2	
De natura et gratia 본성과 은총	Nat. et gr.	415, 봄	44	60	17,1
De nuptiis et concupiscentia (ad Valerium) (발레리우스에게 보낸) 혼인과 정욕	Nupt. et conc.	419/421	44	42	7,1
De octo Dulcitii quaestionibus 둘키티우스의 여덟 질문	Dulc. qu.	424	40		6,2
De octo quaestionibus ex Veteri Testamento 구약성경에 관한 여덟 질문	Qu. test.	419	PLS 2		44/A
De opere monachorum 수도승의 노동	Op. mon.	401	40	41	7,2
De ordine 질서론	Ord.	386.11~387.3	32	63	3,1
De origine animae (= Ep. 166) 영혼의 기원 (= 편지 166)	Orig. an.	415	33	44	29
De patientia 인내론	Pat.	417/418	40	41	7,2
De peccatorum meritis et remissione et de baptismo parvulorum (ad Marcellinum) (마르첼리누스에게 보낸) 죄벌과 용서 그리고 유아세례	Pecc. mer.	411	44	60	17,1

De perfectione iustitiae hominis 인간 의로움의 완성	*Perf. iust.*	415	44	42	17,1
De philosophia [deperditus] 철학 [소실]	*Phil.*	387			20
De praedestinatione sanctorum (ad Prosperum et Hilarium) (프로스페르와 힐라리우스에게 보낸) 성도들의 예정	*Praed. sanct.*	428/429	44		
De praesentia Dei (ad Dardanum) (= Ep. 187) (다르다누스에게 보낸) 하느님의 현존 (= 편지 187)	*Praes. Dei*	417	33	57	
De pulchro et apto [deperditus] 아름답고 알맞은 것 [소실]	*Pulch.*	381/382			
De rhetorica 수사학	*Rhet.*	387	32		36
De sancta virginitate 거룩한 동정	*Virg.*	401	40	41	7,1
De sententia Iacobi (= Ep.167) 야고보서의 명제 (= 편지 167)	*Sent. Iac.*	415	33	44	
De sermone Domini in monte 주님의 산상 설교	*Serm. Dom.*	393/395	34		35	10,2
De spiritu et littera (ad Marcellinum) (마르첼리누스에게 보낸) 영과 문자	*Spir. et litt.*	412	40	60	17,1
De symbolo ad catechumenos 예비신자를 위한 신경 해설	*Symb. cat.*	425	40		46	
De Trinitate 삼위일체론	*Trin.*	399-422/426년경	42		50-50/A	4
De unico baptismo contra Petilianum (= Ep.120) 페틸리아누스 반박 하나인 세례 (= 편지 120)	*Un. bapt.*	410/411, 겨울	43	53	16,1

De utilitate credendi 믿음의 유익	Util. cred.	391/392	42	25,1		6,1
De utilitate ieiunii 단식의 유익	Util. ieiun.	408	40		46	
De vera religione 참된 종교	Vera rel.	390/391	34	77,2	32	6,1-2
De videndo Deo (= Ep.147) 하느님 판상 (= 편지 147)	Vid. Deo	413	33	44		
Enarrationes in Psalmos 시편 상해	En. Ps.	392-422	36-37	93-95	38-40	25-28,2
Enchiridion (ad Laurentium) de fide, spe et caritate (라우렌티우스에게 보낸) 믿음 희망 사랑의 길잡이	Ench.	421/422	40		46	6,2
Epistulae 서간집	Ep.	386-430	33	34.44.57.58.88	31,31/A	1-23/A
Epistulae ad Romanos inchoata expositio 로마서 미완성 해설	Ep. Rm. inch.	394/395	35	84		10,2
Expositio epistulae ad Galatas 갈라티아서 해설	Exp. Gal.	394/395	35	84		10,2
Expositio epistulae Iacobi ad duodecim tribus [deperditi] 열두 지파에게 보낸 야고보서 해설 [소실]	Exp. Iac.					
Expositio quarundam propositionum ex epistula apostoli ad Romanos 로마서 명제 해설	Exp. prop. Rm.	394/395	35	84		10,2
Gesta cum Emerito Donatistarum episcopo 도나투스파 주교 에메리투스와의 논쟁	Emer.	418.9.20	43	53		16,2
In epistulam Ioannis ad Parthos tractatus 요한 서간 강해	Ep. Io. tr.	406/407	35			24,2

In Ioannis evangelium tractatus 요한 복음 강해	*Io. ev.*	407/08–419/20	35		36	24, 1-2
Locutiones in Heptateuchum 구약 칠경 강해	*Loc.*	419/420	34		33	11,1-2
Probationes et testimonia contra Donatistas [deperditus] 도나투스파 반박 증명과 증언 [소실]	*Prob. et test.*	405				
Psalmus contra partem Donati 도나투스파 반박 시편	*Ps. Don.*	393/394	43	51		15,1
Quaestiones evangeliorum 복음서에 관한 질문	*Qu. ev.*	399/400	35		44/B	10,2
Quaestiones expositae contra paganos numero sex (= Ep.102) 이교인 반박 여섯 질문 (= 편지 102)	*Qu. pag.*	408/409	33	34,2	33	10,3
Quaestiones in Heptateuchum 구약 칠경에 관한 질문	*Qu.*	419/420	34	28,2	33	
Quaestiones XVI in Matthaeum 마태오 복음의 열여섯 질문	*Qu. Mt.*	399/400	35		44/B	10,2
Regula 수도 규칙	*Reg.*					
Regula: Obiurgatio (= Ep. 211.1-4) 수도 규칙: 꾸짖음	*Reg.1*	397/399	33	57		7,2
Regula: Ordo monasterii 수도 규칙: 수도원 질서	*Reg.2*	397/399	32			7,2
Regula: Praeceptum 수도 규칙: 명령	*Reg. 3*	397/399	32			7,2
Retractationes 재론고	*Retr.*	426/427	32	36	57	2

Sermo ad Caesariensis Ecclesiae plebem 카이사리아 교회 신자들을 향한 설교	Serm. Caes.	418	43	53	
Sermones 설교집	Serm.	391~430	38-39; PLS 2	41	29-35,2
Soliloquia 독백	Sol.	386.11~387.3	32		3,1
Speculum 거울	Spec.	427	34		10,3
Versus de s. Nabore 성 나보르 찬가	Vers. Nab.		PLS 2		
Versus in mensa 식탁 경구	Vers. mens.		32		

인명 · 사항

겐세리쿠스 20-1 119 123
고트족 81 119 123

네브리디우스 37
누미디아 지방 16 50-1 63 94 99 119 123
니케아 공의회 52-3

도나투스 16-7 39 48 63 66-7 71
도나투스 열교 16-7 22 53
도나투스파 16-7 45 47-9 53-7 59 61-3 65-9 71 87
디오클레티아누스 50

레포리우스 106
로마 6 11 18 33 36 71 81 85 125 127

마니교 22 33 45 47 73-4 76 96
마르켈리누스 17 66-8 82
마우리타니아 69 119
마케도니우스 92-3
막시미누스 81 83
메갈리우스 16 51
모니카 32 35-6
밀라노 33-4 36 49
밀레비스 교회회의 17 85

반달족 18 20-1 23 88 117 119 123-4

발레리우스 39-41 43 51-2
발렌티니아누스 2세 33
보니파티우스 123
볼루시아누스 17
북아프리카 교회회의 15

심플리키아누스 49

아데오다투스 35 37
아리우스 22 78 143
아리우스파 79 81 106
아우구스티누스 11-9 21-4 29 31-43 45 47-9 51-5 58-9 61-7 69 71-3 75-9 81-7 89-97 99-100 102-7 109-11 113-9 121 123-7 151-5 157
아우렐리우스 18 45 50 66 85
아퀴타니아 15 20 83 150
아타나시우스 137 143
알라니족 119
알렉산드리아 137
알리피우스 17-8 35 37 66 69 85
암브로시우스 33-5 106-7 113 115
에라클리우스 52 106
에메리투스 69 71
에보디우스 18 37 85
에우세비아 76
오스티아 36 110
우르수스 75-6
우잘리스 18
인노켄티우스 교황 18 85

조시무스 69 85

카르타고 17-8 33 37 45 50-1 65-7 71
　　75-6 78-9 83 94 103 123
카르타고 교회회의 16-7 53 65-7 69 71
　　82 111
카시키아쿰 35 110 117
카이사리아 69
칼라마 16-8 50-1 62-3 77 127
켈레스티우스 18 82 85
콘스탄티우스 137
쿠오드불트데우스 23 126-7
크리스피누스 16-7 63-5
키르쿰켈리오네스 56-7 61 63
키르타 123
키프리아누스 48 114-6

타가스테 18 32-3 37 42
테오도시우스 63 65
티아베나 23 126-7

파스켄티우스 79 81
파울리누스 50 113 139
파트리키우스 32 36 154
팔레스티나 72-3 75
펠라기우스 18 22 82-5
펠라기우스 이단 16-8 83 85
펠라기우스파 83 85 87
펠릭스 77
포르투나투스 45 47
포르투니우스 55
포시디우스 12-24 34 38 42 62-4 66
　　69 76-7 83 85-7 114 117 123
　　126 157
프로스페르 15 20 83 150

플로티누스 123
피르무스 72-3 75

호노라투스 23 126-7
호노리우스 17 64-7 85
히포 12 15-6 18-20 23 37-9 42 45
　　47 50-1 53 59 72-3 77 81 83 86-
　　9 94 100 103 106 109 123 125
　　127 155 157

색인 작품

『가톨릭 교회의 관습과 마니교도의 관습』 96
『거울』 119
『거짓말 반박』 107
『고백록』 12-3 22 31-2 34 36 97 106 110 121
『도나투스파 문법학자 크레스코니우스 반박』 17 58 62 64
『도나투스파 반박 시편』 55
『도나투스파 반박 토론 초록』 58 66-7
『도나투스파 주교 가우덴티우스 반박』 57
『도나투스파 주교 에메리투스에게 보낸 토론 후기』 66
『도나투스파 주교 에메리투스와의 논쟁』 66-7 69
『마니교도 펠릭스 반박』 77
『마니교도 포르투나투스 반박』 47
『(마르켈리누스에게 보낸) 죄벌과 용서 그리고 유아세례』 82
『마르티누스의 생애』 13
『성직자의 의무』 106
『세례론』 55
『수도 규칙』 42
『시편 상해』 12 57 107 121
『신국론』 32 67 93 118 121 123
『아리우스파 막시미누스 반박』 81
『아리우스파 주교 막시미누스와의 토론』 81
『아우구스티누스의 생애』 12-20 22-4 37 48 86-8 100 104 123 127 154 157
『아카데미아 학파 반박』 110
『안토니우스의 생애』 13
『암브로시우스의 생애』 13 50 113 139

『에게리아의 순례기』 43
『엔네아데스』 123
『율리아누스 반박 미완성 작품』 114 119
『연대기』 15 20 150
『재론고』 116-8
『주님의 산상 설교』 95
『죽음에 관하여』 114 116
『죽음에 관한 편지』 114
『질서론』 110
『책들의 수정본』 117
『카르타고 회의록』 66-8
『(쿠오드불트데우스에게 보낸) 이단론』 76
『테오도시우스 법령』 71 79 89
『페틸리아누스 서간 반박』 55
『편지』 15-8 23 37 39-40 45 49 53-5 58 62-4 66-7 72 78-80 83 85 90-4 101 105 107 118 127
『하느님의 은총과 자유의지』 83
『행복한 삶』 32 110

포시디우스POSSIDIUS

아우구스티누스와 40년 가까이(391~430년) 한가족처럼 지낸 절친한 동료 수도승이자 북아프리카 칼라마의 주교다. 430년에 아우구스티누스의 임종을 지켰고 그의 전기를 저술했으나, 정작 포시디우스가 언제 태어나 어떻게 세상을 떠났는지는 알 수 없다. 그가 남긴 유일한 작품인 『아우구스티누스의 생애』는 아우구스티누스가 걸어간 삶의 여정을 과장 없이 그려 낸 빼어난 전기로, 『고백록』과 더불어 아우구스티누스 생애와 사상 연구에 중요한 두 기둥을 이루고 있다.

이연학

고성 올리베따노 성 베네딕도 수도원 수사 신부. 광주가톨릭대학교를 졸업하고, 로마 그레고리우스 대학교에서 교부학 석사학위를 받았으며, 고성 올리베따노 성 베네딕도 수도원장을 지냈다. 『내가 사랑한 교부들』(분도출판사 2005, 공저), 『성경은 읽는 이와 함께 자란다』(성서와 함께 2006)를 지었고, 『말씀에서 샘솟는 기도』(분도출판사 2001), 『교부들의 길』(성바오로출판사 2002, 공역)을 우리말로 옮겼다.

최원오

천주교 부산교구 신부. 광주가톨릭대학교와 대학원을 거쳐, 로마 아우구스티누스 대학에서 교부학 박사학위를 받았다. 부산가톨릭대학교에서 교부학을 가르쳤으며, 한국 천주교 주교회의 사무국장으로 일했다. 『내가 사랑한 교부들』(분도출판사 2005, 공저)을 지었고, 『교부들의 길』(성바오로출판사 2002, 공역)을 우리말로 옮겼다.